生而平凡

后职场的人生智慧

[日]河合薰 著

吕晔 张茹 译

机械工业出版社
CHINA MACHINE PRESS

本书通过丰富的案例和深入的分析，探讨了现代社会中大规模退休带来的变革，特别是老年人面临的孤独感、身份认同丧失和职场挑战等核心问题。本书讨论了个人如何在这个变革中寻找新的生活意义和归属感，关注了人们退休后如何重塑自我、建立新的人际关系，以及如何在日常生活中找到超越金钱和地位的意义感。本书旨在为读者提供实用的建议和深刻的洞见，帮助大家在面对生活转变时，找到新的方向和动力。

本书适合关注终身成长的职场人士。

Teinengo kara no Kodoku Nyumon

Copyright © Kawai Kaoru 2020

Original Japanese edition published by SB Creative Corp.

Simplified Chinese translation rights arranged with SB Creative Corp.,

through Shanghai To-Asia Culture Communication Co., Ltd.

此版本仅限在中国大陆地区（不包括香港、澳门特别行政区及台湾地区）销售。未经出版者书面许可，不得以任何方式抄袭、复制或节录本书中的任何部分。

北京市版权局著作权合同登记　图字：01-2024-3842号。

图书在版编目（CIP）数据

生而平凡：后职场的人生智慧 /（日）河合薰著；吕晔，张茹译. -- 北京：机械工业出版社，2025.5.

ISBN 978-7-111-78197-4

Ⅰ. C913.6

中国国家版本馆CIP数据核字第2025UN5983号

机械工业出版社（北京市百万庄大街22号　邮政编码100037）

策划编辑：兰　梅　　　　　　责任编辑：兰　梅
责任校对：王荣庆　刘雅娜　　责任印制：张　博

北京机工印刷厂有限公司印刷

2025年6月第1版第1次印刷

145mm×210mm · 5.625印张 · 81千字

标准书号：ISBN 978-7-111-78197-4

定价：49.80元

电话服务　　　　　　　　　网络服务

客服电话：010-88361066　　机　工　官　网：www.cmpbook.com

　　　　　010-88379833　　机　工　官　博：weibo.com/cmp1952

　　　　　010-68326294　　金　书　网：www.golden-book.com

封底无防伪标均为盗版　　机工教育服务网：www.cmpedu.com

前言 PREFACE

人生即公司

人生是无常的。它不断地激励、驱使、推升着我们，然而却在某一天突然抽掉了帮助我们前进的梯子。可以说，人生就像一家公司。

在我们公司，员工到52岁时就要接受第二职业培训，俗称"爷爷奶奶的培训"。我想培训内容应该跟其他公司没什么差别，大致是关于退休养老金、生活规划、现在辞职养老金会有多少等。培训会上还会发放关于手工制作面条和成人钢琴课程的传单。我听说过这些传闻，但实际参加培训时，我的积极性完全降了下来，甚至感到有些愤怒。

毕竟，我还有未完成的工作和足够的动力，为什么要在这时进行这些培训呢？

不过，这只是个开头。在许多公司，员工一到55岁就面临退休了。无论你多么努力，以后几年的工资都不会增加，甚至还会减少，这确实让人很痛苦。即便我内心明知道未来的工资会减少20%，但看到实际的到账金额时，我还是会备受打击，惊讶于减少的幅度之大，于是我赶紧缩减了住宅贷款的每月还款额。

如果企业将员工的雇佣时间延长到60岁的话，55岁之后的在职员工工资就会减少50%吧。大家都在说这很伤自尊，去年我们还在兴奋地说在这种公司待不下去，要辞职。但在外面面试的时候，我却被问了很多现在的工作内容，最后对方还问我"有没有其他合适的推荐人"。当然，如果有好机会，我会马上行动，但也听传闻说退休年龄会延长，人事制度也会变动，所以我暂且先观望着。

虽然说完全没有不安是假的，但我不想主动去做让自已陷入困境的事情。在这充满忧虑的日子中，我拼命保持情绪稳定。这就是我的情况。

某食品厂员工　松田（化名）57岁

无处寻觅的退路

当到45岁以上时，每个人都会深刻感受到自己在公司的命运和市场价值。即便如此，他们仍然拼尽全力想做得更好。在某食品厂工作的57岁的松田也是其中之一。

他们忍受着说话随意的上司，为了维护公司提出的"工作方式改革"的旗帜，代替年轻员工免费加班，日常还要与难以沟通的下属打交道，为了家庭回应着不合理的要求。

社会把采取这种工作方式的人称作"社畜"，觉得他们仿佛除了公司就没有别的归属，实在可怜。但实际上，他们并非仅仅为公司而工作，内心更希望充分施展自身能力。工作虽然很艰辛，但也曾有有趣和黄金的时期。

他们甚至曾期待过"也许能成为高管",这绝不是出于对升迁的贪念,而是想通过升迁来创造自己的位置。这些都是作为员工的自豪感和动力。

然而,一旦到了50多岁,公司便用各种手段逼迫他们。各行各业纷纷提出"50岁问题",各种杂志都在报道"尴尬的50岁",许多企业不断进行名为"被动离职"的解雇行动,专门针对泡沫经济时代的企业员工。最近,甚至不断出现打着"趁着公司业绩还好,赶紧辞掉"的口号积极地对40岁到50多岁的员工进行结构调整的企业。尽管前辈们都说人生的后半场,重要的是如何顺利地退场,然而,就在退场的时间还没有到的时候,突然一天这些人就遭到了"炮轰"。

年轻员工们也在背后嘲讽50多岁的人,说"什么都不做,却拿着我的2倍工资""那些人的经验根本毫无用处,只会讲昭和时代⊖的事",对他们冷眼相待。

⊖ 昭和时代:指1926年12月25日—1989年1月7日。——编者注

AI与资深员工的隐性知识

工作并非仅局限于那些看得见的任务。尽管这可能让人感到意外，但在应对突发情况时，真正有用的是资深员工的"隐性知识"，这是一种通过经验获得的、无法用语言表达的知识。资深员工通过将丰富的经验点滴连接起来，形成独有的解决问题的灵感，这是只有人类才能创造的"秘密武器"，而AI（人工智能）永远无法构建这样的世界。

然而，无论我们如何高声呼吁重视50岁以上员工的价值，但在公司里，似乎只能听到这些人如丧家之犬的无奈悲鸣。尽管医学的快速进步使人的寿命显著延长，但从商业逻辑的角度来看，年长者还是会被视为不受欢迎的存在，这真是令人遗憾。即便50岁并不能称为老年人，但公司仍把这些饱尝酸甜苦辣的中年人排除在战斗圈之外，扔在地上，这实在是太荒唐了。

在这种社会环境下，人常常会有两种心理状态：一种是由"我没事吧？"而产生的不安的自我，另一种则是由"总会有办法的！"而产生的毫无根据的乐观的自我。这两种状态进进出出、忽隐忽现、反反复复、不断交替，随之而来的是社会保障费用逐年增加、养老金领取年龄不断提高，甚至政府还不时地宣称民众的社保账户"有2000万日元亏空"，公众的焦虑会被不断激发。

结果导致人们的脑海中不断出现诸如"现有的钱够吗""未来到底需要多少钱""是不是必须通过投资来增加钱"等担忧，使得大家心中对老年破产、低收入老人、孤独死等潜在的不安被迅速激发出来。

50岁左右正是一个非常尴尬和令人感伤的年龄阶段。

日本朝日电视台的综艺节目《孤独的家》能够获得超过20%的收视率，也许是因为观众被如何在世俗观念中保持自己独立的生活方式这一点所吸引。当下，有不少人对如何拥有这样的价值观需要具备的是什么，以及对自己究竟是什么样的人感到迷茫困惑。

超越金钱与地位的意义感

即使在这个未来充满不安、压力不断袭来的世界里，依然有人能够成功地应对这些挑战，过上令人满足的生活。即便"悠然自得"这一美好词语变得过时，那些依然可以保持心灵和生活富足、优雅度过人生后半程的人，始终拥有一种可以自我治愈心灵的精神状态。

那就是"意义感"。

意义感使一个人能够不再依赖于属性或头衔，而是以自己的名字认可自己。意义感强的人能够凭借直觉筛选出对自己有意义的事物，并积极应对压力和困难，将其视为对自己的挑战。

我在50岁时被降职了。起初的半年里，我很沮丧。但我意识到，我虽然促使项目成功立项了，但由于没有进行技术转让，我在公司中没有了立足之地。

最终，我被安排去做质量管理的工作，但不可思议的是，这段时间是我在公司生活中最快乐的时光。我把自己积累的经验技术传授给后辈，并给予他们支持。我并非只是嘴硬不服输，反而感激公司让我最后获得了这样的经验。

前汽车制造厂员工　石黑先生（化名）63岁

做出如此陈述的石黑先生通过专注于自己应该做的工作，并改变了与半径3米内的其他人的互动方式，提高了自己的意义感。

意义感既可以是自己工作的价值，也可以是自己存在的意义。提升意义感，可以获得对自己真正的自豪感。

他人的经验

本书基于700多位职场受访者的真实故事，从健康社会学的角度分析退休前后的生活与工作方式，并从多角度具体解释如何提高意义感。

这本书探索了无人敢于询问的"他人的经验"，并由此归结出如何获得意义感。

健康社会学是一门聚焦于人与环境的关系，研究人的幸福感和生存能力的学问。与心理学关注"个人如何变强"不同，健康社会学的研究对象是"个人变强的环境"。在一些情况下，个人即使被要求变强，却无法变强；或者被要求有目标，但也不知道该设定什么目标。无论怎么被要求"要相信自己是最重要的"，但仅依靠个人能力是无法做到的。

健康社会学关注的是社会要提供一个环境，让人觉得即使改变一点也会有希望，使人愿意试着迈出一步，即迈出那个围住自己的"半径3米的世界"。

一个人所处的环境并不总是对自己有利，因为这样的理想环境相对少见。但我们不要只是从正面观察，试着从不同角度，比如侧面或上面来观察自己所处的环境，有时会发现意想不到的有趣之处。通过本书，我们可以了解他人的经验，这会对克服50岁后可能面临的不公平对待大有帮助。

大规模退休的孤独社会到来

根据日本总务省"人口推测"2020年1月的报告，在日本成年人口中，40岁以上人群占74%，50岁以上人群占57%，这样的超高龄社会，等待我们的是前所未有的"大规模退休孤独"的社会潮。所谓"退休孤独"，是将退休和孤独结合在一起的新词。

不管是正常退休还是退休后再就业，尽管我们还不清楚退休后孤独的社会会是什么样，但只要一个人的意义感强，即使成为退休孤独者，也无须恐惧，无须与他人比较，就可以在自己选择的道路上充实地前行。在如今的就业环境中，上一代人的职业道路大多不具参考价值，我坚信意义感是生活中所必需的。

人生中遭遇的那些困难，回头看往往大多是微不足道的。将九成的困境一笑而过，只专注于一成想做的事就足够了。既然人最终都会死，与其怯懦地活着，还不如竭尽全力做自己想做的事再离去。

读完本书后，希望更多的人能够对充满荒诞和意外的人生产生"有趣的生活就是胜利"的想法。

目录 C O N T E N T S

第2章 "盐腌大叔"的退休困境：孤独者与非孤独者

第3章　孤独的前兆：

寻找意义感

第 4 章 比死亡更可怕的孤独世界：
身份认同的丧失

第 5 章 创造生活的意义

第 1 章

探访古战场，窥见孤独世界：

日常习惯的丧失

"生前葬礼"的消失让人难以释怀

想象一下，你每天醒来，按惯例阅读报纸，然后边看电视边吃早餐，突然瞥了一眼时钟才意识到："对了，我不再需要赶时间乘通勤电车了。"但是，你也不知道自己应该做些什么，无奈之下，不停切换着无聊的电视频道。你突然觉得这样的自己很可怜，最终被难以忍受的孤独感所侵袭。

这是退休后失去归属感的上班族悲剧的经典场景。

然而，随着退休制度的多样化发展，"在一家公司工作到退休，一眼就可以望到头"的时代已经终结。现在，从退休的次日起，退休返聘或再谋新职成为新的常态。

因此，在日本，像退休个人告别仪式——"生前葬

礼"——这样隆重的活动已不再出现，小型的告别会或
60岁生日庆祝会成为主流。再就业后的工作条件受到周
围人过度的关心，收到年轻员工送的小花束之类的现象
也逐渐变多。对那些期待华丽告别职场的人来说，这可
能有些让人失望，但人一旦闲下来就容易产生不必要的
烦恼，比如"生活费够不够""是否需要更节省"或"如
果得了认知症怎么办"，烦恼越来越多。因此，这种社会
现象的转变也不无道理。

同时，人生后半段所面临的角色转变和生活变化不
再像从前那样界限分明，难以坦然接受自身角色的改变。
"生前葬礼"的消失更是让人失去了一个重要的情感出
口，无法得到应有的释怀。

心理上的懒散大叔

日本独立行政法人劳动政策研究·研修机构对法定
退休人员退休后选择延长雇用或再就业的人进行了调查，
询问他们"第二职业刚开始时的自我形象"。结果显示，

80%的人表示"过得还算正常，也不感到孤独"（《关于法定退休后的工作方式选择的调研结果》）。

然而，当这些人尝试在新条件和新环境中继续工作时，就会发现，许多人放弃了最初设想的工作方式。

他们发现虽然自己积极施展着技能，但无人对此抱有期望；虽然知道薪资会下降，但实际试着工作后才发现薪资低得过分；还没有任何权限。这些问题让他们对现实感到失望，不满的情绪逐渐累积，甚至自尊心也受到打击。

金钱虽然不是全部，但那些努力付出并取得成果的人，薪资却不升反降，因此干劲儿淡去也在情理中。被后辈像对待潮湿的落叶一样冷落，这也会让人感到尴尬。如果再听到某些前同事获得了待遇很高的再就业机会，或者提前退休成为大学教授这类信息，就更使人沮丧了。

为了逃避这些负面情绪，调研显示，有人主动选择"做一些轻松的工作""不再与同事在工作时间外交往""不再制订长期工作计划""不再做承担重大责任的工作"等，逐渐演变成"懒散大叔"的状态。

潮湿的落叶

"工作还没做完呢，理直气壮地说'下班了'，就回家了？！"

"每次都要问'这个一定要做吗'，真烦人！"

"有交流总比没有好吧。我们公司的资深员工拒绝沟通！"

"一直在旁边打瞌睡太让人受不了！"

"总是抱怨'为什么是我来做这些事'，总是表达不满。希望他们别这样了！"

"变脸说着'反正也没给我很多钱呀'，然后拒绝工作，这也太让人生气了！"

这些对懒散大叔们的无能之处的抱怨，出自我在书中多次提到的"第二秘书室"的成员之口，而这类抱怨，年轻员工绝对是说不出口的。

她们都是协助我访谈的女性，有大胆泼辣的行政管家，也有不怕顶撞上司的活泼姑娘。她们之所以会赤裸地发泄对懒散大叔员工的不满，原因就在于她们自己在面对前部长、前课长这样的年长下属时感到困难重重。上司只是说了句"好好干啊！"就把事情全权交给她们处理，这无疑增加了她们的压力。

当然，她们并不知道那些老员工最初也曾经充满干劲。因此，她们会毫不留情地处理这些老员工，就像对待潮湿的落叶一样。

无法冷却的余热

我从事实地调查工作已经近20年，采访了超过700名商界人士。在撰写本书时，我集中采访了50~60岁的人，并由此了解到长期在组织中工作的人所呈现出的余热现象。

每个上班族在公司活动中都承受过或多或少没有回

报的委屈，然而，现实生活的苦楚会随着时间的推移变成让人怀念的回忆，在不断遭遇不合理要求的过程中，人们也会有一些快乐的时光。随着法定退休或雇用延长等时间节点的临近，这些丰富多样的经历会变成心灵的"余热"，守护着自己。自我防卫机制会发挥作用，将严酷的现实含蓄地包裹起来。

于是，这些人虽然实际上需要赚足够的钱来应对老年生活的担忧，他们却会表现出"我可不想工作到60岁以后呀"这种强硬的态度；或者是尽管自己希望退休后继续努力工作，却表现出不这么想的态度；抑或是为了保护脆弱的自尊心而不停地自吹自夸等，这些纠结过去的行为不断重演。被"余热"包裹的心灵甚至无法意识到这些行为引发了周围年轻员工的反感。

尽管90%的20~30岁的人支持终身雇用制，70%的人支持年功薪资制（根据工龄、年龄涨薪的制度），但大家在面对眼前的资深老员工时，却会表现出矛盾的严厉态度。

退休后的自我呐喊

话虽如此，余热毕竟只是余热，终究会消退。伴随余热的消退，孤独感就会到来。

有些人既没有可以分担寂寞的同事，也没有可以相互打趣、对酒解愁的朋友。妻子也对收入减少、闲暇无事的丈夫变得冷淡，正值青春的儿女们则忙于自己的生活，完全顾及不了父亲。

这种在公司和家庭中都找不到自己位置的情况，让人有种想要高声呼喊"我还在呢！"的冲动。所处的地位不确定时，人便会感到孤独，并对这样的自己感到愤怒，同时又难以承受深深的寂寞。

但如果再这样颓废下去，不坚持住的话，一个人以往的辛苦和建立的职业生涯成就都将化为乌有。如今，工作到70岁甚至更久已成为常态，从50岁起应如何生活将成为人生重要的选择。

最糟糕的情况就是过于依赖过去的余热。如果仍然带着过去的头衔故作强硬，或以不愉快的态度封闭自己，最终将会被孤独击垮，在最坏的情况下，甚至会出现老年抑郁症的困扰。

因此，接下来我将通过退休者的经验来讲述"余热"究竟是什么。

头衔消失日

我曾考虑过提前退休，但在观察一段时间后，决定选择延长雇佣，并转到了管理部门。退休后，最大的变化是我的固定工资大幅减少，同时开始有了加班费。

或许是心态变得更加从容，我突然对过去产生了浓厚的怀旧感。我决定独自旅行，去见见在我40岁单身赴任时关照过我的人。

大家聚在一起真的让我感到非常开心。像解开缠在一起的毛线绳子一样，许多当时的记忆接连涌现，气氛也热烈起来。然而，我却感到了与这些快乐情绪相反的孤独感。

虽然并没有发生什么特别的事情，我却深切感受到自己已经成为过去的人。见到老朋友让我客观地看清了自己，而只有我一个人陷入了感伤，我感觉非常难为情。

被返聘后，我在公司里找不到自己的定位，还不能适应新的角色转换。虽然自己没有意识到，但我可能是希望从老朋友那里得到一些安慰和鼓励。然而，从他们的角度来看，我似乎是幸运的。因此，我也开始自问："我到底在干什么呢？"

果然，退休就意味着"头衔"的消失。即使重新附上某种头衔，这个人如果没有影响力，那也不过是一个符号，没人会对它抱有期待。在那之前，我曾以为自己不会靠头衔生存，但我意识到自己也被头衔所迷惑，这让我感到非常羞愧。

金融行业工作者　山下（化名）63岁

寻找归属感，造访古战场

在退休后，很多人会造访曾经孤军奋斗过的"古战场"——工作地点，或在附近徘徊。在常去的小酒馆里，老板款待的家常菜，来饮酒作欢的常客们，如此种种，这些值得怀念的人与事都会让人不由自主地试图在曾经的人际关系中确认自己的位置。由于人们有探索自我同一性（即自我存在的证明、自我定义，或者在社会中如何生活的实际感受和存在意义）的欲望，他们会在过去愉快的人际关系中寻求安慰。

然而，现实是残酷的。

令人悲伤的是，别人总是自己的一面镜子。映在镜子中的，是一个不再有所归属的自己。一个人在去程的列车上曾经沉浸其中的余热，在回程的列车上已然冷却，面对自己变得无所依附的现实，他会感到沮丧和极度的孤独，并会被未来无法预见的不安所困扰。

实际上当事人本人也并没有期待一切都保持如同往昔，反而是想确认"变化"。造访古战场像是一种仪式，用于告别过去，让自己得到慰藉，虽然这是无意识的行为。

无论如何，山下先生在说出"我也被头衔所迷惑"这句话时，经历了怎样的内心挣扎呢？

年轻时，人们常常憧憬那些干练的上司，而年纪渐长后，只会关注那些"我不想变成……"的反面教材。

对"仰仗过去头衔的前上司""虽然仍留在公司却只会抱怨的前精英""在岗位上发号施令却被下属嫌烦的退休员工"等产生反感，并自我警醒："如果变成那样，就完了。"

然而，像山下这类人，自己也被头衔所迷惑，且试图在过去的人际关系中寻找自己的归属感，显得十分滑稽可笑。

大型组织的环境容易使人建立起依赖头衔的人际关系，并感受到自己的影响力，且因此而感到舒适，这可能很普遍。人们意识到，社会属性和职位曾经占据自己的大部分，而当这种社会地位削弱时，接受这种孤独的自我，对一个人来说，并不容易。

面对不同头衔而本能地改变声调

头衔对人们内心的影响力远超我们的想象。

虽然关于头衔效果的研究有很多，其中最引人注目的是以美国著名电视节目《拉里·金现场秀》（*Larry King Live*）为对象的研究。

在沟通的研究中，有一个观点长期存在，即人们会无意识地调整自己的声调和说话方式，以期接近权力或威望较高的人。为了验证这一观点，研究人员对《拉里·金现场秀》的采访进行了分析。

结果发现，大多数嘉宾都会根据主持人拉里·金的声调来调整自己的声调。然而，对于如美国前总统比尔·克林顿、乔治·布什以及获得过奥斯卡奖和艾美奖及其他各种奖项的芭芭拉·史翠珊等拥有世界顶级头衔的嘉宾，拉里·金则会根据这些嘉宾的情况调整自己的声调和说话方式。即使是以直言不讳、挖掘真言著称的金，也不可避免地受到了受访者头衔的影响。

在职时偶然获得的头衔

这种变化被认为是由自恋驱动的。

通过模仿有影响力的人，即权力者的声音，试图让对方觉得自己是一个可以提供安全感的人，从而激发对方内心深处一种"或许会有好事发生"的潜在感觉。

我们的生活中也会出现类似现象。那些声称"不会屈服于权威或权力"的人，在面对重要人物时，其态度经常会发生变化。此外，那些被认为有权力的上司，通常会有更多部下与之交流。一个人性格即使再好，如果没有权力，也会被部下视为无能，从而降低士气。许多心理实验和调查都已证实这种现象。

我自己在20岁左右担任国际航班空乘时，在面对经济舱和头等舱的语调就有一个八度左右的区别。这虽然多是无意识的，但我觉得确实有不想惹怒乘客、不希望乘客不高兴、"如果被大人物喜欢，也许会有好事"这样不正当的心理。

那些在著名大企业或社会评价高的公司工作的人，往往更愿意向初次见面的人明确自己的"所属集体"或头衔，这是因为他们根据经验，知道头衔能改变他人的看法，是抓住对方心灵的最强工具。自古以来，被广泛接受的、超越国家和文化的一句话——"权力使人堕落"，也是基于人们对头衔迷惑的心理影响。

话虽如此，公司里的职务安排，有九成靠的是偶然因素，在职时所拥有的头衔，很大程度上也是偶然带来的侥幸。在职期间（也就是退休之前），有人觉得"升迁靠运气"，对此一笑而过。可一旦离开了工作岗位（退休之后），却又急切地追求头衔。人类行为的复杂性，在这种前后截然不同的态度中，体现得格外明显。

跟不上下属话题的困扰

我在退休后被返聘，去了子公司。在那之前，我每晚都会和下属一起喝酒，因此，没有下属陪伴的生活让我倍感无聊。

就在这时，我收到了旧下属的邀请，感到非常高兴，也非常感激。他们现在把我做上司时没法说的心里话，都倾诉出来了。我也因为在新公司里积累了压力，非常享受这样的时光。

之后，只要下属们邀请我，我就会匆匆出门赴约。

然而，我渐渐有了疏离感。因为他们的日常生活不断更新，而我逐渐跟不上他们的话题。

当他们每次都详细解释给我听时，我会想他们是不是在怜悯我，因而产生了自卑感。我对于这样的自己也感到厌恶。

退休意味着下班后的活动也不再存在。而我并没有意识到这一点，一味依赖下属们的好意，或许，我只是想紧抓过去的自己不放罢了。

前制造业工作者　野田（化名）61 岁

消失的下班后活动

在这个世界上，有些重要的事情只有在你经历过后才能真正理解。对公司员工来说，下班后的活动是很日常的。与职场同事的闲聊，能连接日常工作，从而产生共鸣的声音。特别是聚会，有时能获取出那些只有内部成员知晓、平日职场上不能说的秘密。

下属A："○○的那个事怎么样了？"

下属B："挺危险的吧。他被指控职场骚扰也不奇怪。"

上司："你们说的○○是销售部的部长吗？"

下属A："是的。他相当古板，还留着上一代人的影子呢。"

下属C："但是话说回来，XX 也有问题吧？"

下属B："我都因为XX的关系免费加了好多班。"

上司："因为XX的父亲是△银行的大人物呀。"

下属C："所以上面也不敢说重话。"

上司："（笑）我也不敢说。"

下属们（爆笑）

（注：以上对话为虚构）

就这样，平时不说别人坏话或话少的人会滔滔不绝。即使是平时孤冷的上司也会袒露出赤裸的情感。聚会既展示了个人在职场上绝对看不到的真实面貌，又提供了一个无须多言就能感受到热烈气氛的场合，让人在其中感受到"自我存在"的重要感受。

占据了一天中大部分时间的职场，实际上是某种社区（共同体）。社区不仅有使人与人连接在一起的人际网络，还有人与人连接的空间和规范。空间是指办公室，规范是指日常工作。而且，这个社区在某种程度上是封闭的，存在着"我们＝员工"和"他们＝外部人士"的明确界限。

可悲的是，退休后的前上司就成了"外部"的人。人一旦退休，作为职场空间外延的下班后的活动就会消失。

余热疗愈：过渡期的自我重塑

在失去退休前的地位后，尚未确定退休后的新角色前，这段过渡期的若即若离的状态常常会让人感到不安和不适。余热在这一过渡期中提供了某种温暖来缓解这种过渡期的日常不确定感。

退休制度开始实施的明治后期时，男性的平均寿命大约为43岁，而退休年龄为55岁，退休年龄比寿命还长。也多亏于此，人对工作的余热还没完全消散，就迎来了另一个世界的召唤，这反而显得幸福。在昭和与平成时期[⊖]，人们依靠对工作的余热度过晚年的幸福也勉强能够

⊖ 明治时期为1868年至1912年；平成时期为1989年至2019年。——编者注

实现。在那个年代，即使退休后许多年，公司围棋俱乐部的前常务每月都来，他依然能保持"常务"的身份，作为顾问，每周到公司三次，召集前下属，参与人事决策，大家也都能接受。在那种古老的美好时代，社会和公司还有容纳逐渐衰老的人的余地。

然而，在"生前葬礼"已不复存在的令和时代[⊖]，已没有人愿意去理会那些依然执着于过去头衔的人。有人即便想去曾就职的公司看看，由于没有员工证，甚至不能进入公司大门。

尽管如此，有些人依然会沉浸在余热中而无法正视这一现实。余热会使人提高自我评价，进而对未来保持乐观。再加上即使退休后的日程安排多少有些变化，但早上起床、乘电车去公司的生活节奏没有改变，所以人们也不易察觉日常的变化。

于是，当余热消退时，人们会惊觉过去的日常已经

⊖ 令和时代为2019年4月1日至今。——编者注

消失。失去的头衔、收入、下属、会议、员工食堂、吸烟室、竞标承诺和出差等一一映入眼帘，然后人会被失落感所折磨。

对于经历过几次职业变动或失业的人来说，这种不稳定的过渡期可能不难应对，但对于长期过着稳定单一生活的人来说，变化带来的不安是巨大的。这种不安甚至威胁到自我存在的意义。

日常习惯的丧失

在现今"退休"年龄和定义已发生变化的时代，从健康社会学的角度，退休的定义可以说是"日常惯例被切断的日子"。

日常惯例是指涉及两人或更多成员的、可观察的日常重复行为。当和某人一起做一些事已成为理所当然的习惯，这些行为便构成了"日常惯例"。在某个年龄节点上，不论个人意愿如何，这些日常惯例都会被强制性且单方面地打破。

虽然日常惯例因其重复性而常被轻视，但实际上，它们是构建"生活基础"的重要行为。从生物学上看，人类倾向于周期性和规律性地进行某种行为，一天的节奏与他人关系的协调，有助于个人在身体和心理上保持稳定。

例如，家庭的日常惯例包括：

- 用餐时间大致固定
- 尽量一起吃早餐
- 出门时一定要说"我走了"，家人回应"路上小心"
- 回家时一定要说"我回来了"，家人回应"欢迎回来"
- 闲暇时在客厅等地方，一起看电视或聊天

这些看似普通的重复行为成为家庭的习惯，使家庭在面对压力时更具韧性。

研究显示，特别重视"早餐必须一起吃"这一惯例

的家庭，其妻子对丈夫的满意度较高，孩子应对压力的能力较强，全家人的生活满意度也较高。

此外，就我个人感受而言，我认为，早餐必须一起吃的夫妻离婚风险较低。即使前一晚吵架了，这些惯例也能成为和解的契机，彼此的面对面交流能解决一些小问题。

会议、年会、午餐的价值

在职场中，人即便不主动制造日常惯例，在职场中也会形成一些自然的日常惯例。上班时间、午休、与同事共进的午餐都是日常惯例，下班后的活动甚至也是职场延续的惯例。

每周的会议、研讨、出差、年终聚会和新年会等也是惯例，而与下属和同事共享工作安排、协调日程、进行外部访问等活动，也具有惯例的功能。

简而言之，公司这一社区，正是因为存在遵循共同规则的行为，在相同时间、相同空间和相同成员中反复进行这些惯例行为，才得以存在。正因为有惯例，人才能产生"我属于这个群体"的归属感，从而获得存在感，确认自己存在的意义。

此外，看似麻烦的惯例有时也对情绪切换有所帮助。例如，处理下属的麻烦或应对上司的任性要求等事，可以为乏味的日常带来调味品。当重要的人去世，人在深感悲痛时，去公司上班后，可能会全身心投入工作，有时能暂时忘却悲伤。

但这些惯例在退休后会消失。退休后的新工作环境中，惯例往往虽有但不明显。即便生活节奏不变，职位也确实会发生变化，必须做的事情减少，和同事必须共同完成某事的情况也大大减少。退休后，"退休孤单"变成了无法避免的现实问题。

为了克服退休后再就业时，日常生活基础的不稳定状态，一个人必须在新职场中重新建立惯例。退休后首先需要做的是，主动制定两人及以上可操作的日常重复性行为。

毫无用处的劳动

我提前退休了，转到了一家可以工作到70岁的公司。之前的职位以及业绩完全没有用处。我在接受现实的过程中很挣扎，但这是我自己做出的决定，只好想办法适应了。我试图重新做一下新人入职时会做的事情，比如早早到公司，打扫卫生、丢垃圾，同时记住周围人的名字，记住东西都放在了哪里，等等。

奇妙的是，有位女性同事愿意一起做这些事，我们现在仍然每天早晨一起做，工作也变得很愉快。回想起来，我的父亲虽然只有中学学历，但他也是个踏实努力的人。这是遗传吗？（笑）

我认为，忘掉自己过去的辉煌时期，尽快融入环境，和年轻员工、异性友好相处，建立自己的立足点，这才是新的工作价值吧。

保险行业员工　福田（化名）64岁

像福田先生那样，确定目标并有意识地去做一件件事，可以创建新的日常惯例。关键是要"记住周围的人，记住东西放在哪里"等，努力融入环境。也就是说，这并不是一个只靠自己就能完成的日常惯例，半径3米内的其他人也进入了考量视野中。

当然，可以在开始创建惯例时将他人纳入进来。例如，可以有意识地尝试到公司后对遇到的每个人说"早上好"；或者今天试着对三个人说"谢谢"；也可以尝试邀请某人一起吃午饭；或者传授一个特别的技巧给某人。

如果不成功，可以第二天再挑战一下。日常惯例是日复一日地重复，所以可以多次尝试，不必过于担心。虽然你可能会担心"这样做会不会被别人烦"，但也要先尝试一下。只要有具体的行动，总会带来一些改变。

人往往都是很简单和单纯的，当你主动行动时，如果有人有反应，你会体会到小小的幸福感。工作的动机和幸福感在很大程度上取决于半径3米内的人际关系。但其实不仅如此。

将日常惯例按照"计划→执行→成功"实施后，这一系列举动将会对"心理幸福感"起到一定的强化作用。

"心理幸福感"是由个人的环境因素和经历形成的积极心理功能，简单来说，是心灵的肌肉。我们通过应对和克服生活中的危机，可以锻炼心灵的肌肉，从而更容易应对这之后的压力。

因此，正如福田先生所言，只有"忘掉属于自己的辉煌时期"，才是解决之道。

余热冷却与人生新篇章

"生前葬礼"消失后的退休生活，正是人生高潮的开始。如果人生的起承转结的"结"是"死亡"，那么"承"的终点是退休，而"转"则意味着再就业或就业延长，这可能带来重大转机。

余热冷却的瞬间可能会很痛苦。但如果你停下脚步，勇敢地采取具体行动，这将成为获得意义感的第一步。这是摆脱公司赋予的头衔束缚，创造自我价值的绝佳机会。

曾经被称为"中壮年之星"的日本前大关级别相扑选手魁皇，虽然果断地放弃了"横纲"这一相扑的头衔，但他却坚持不放弃相扑事业。同样，我们尽管可以放弃公司里的地位，但应当坚持不放弃工作本身。

余热冷却后，执着于胜利已毫无意义，只要活下来就好。即便是左右摇摆也没关系，只要放弃曾经执着的事物，你可能会发现下一步行动意外地变得更容易了。

有位男士曾说："退休就像电影《生死狙击》一样。"如果把退休当成日常惯例的丧失，这会夺走你与充满不确定的生活做斗争的能量。但你如果努力创造新的日常惯例，就会建立起应对困境的基础这可能更为隐藏的力量。

下一章我将讲述即使余热冷却后却依然顽强存在的"盐"的话题。

第 2 章

"盐腌大叔"的退休困境：

孤独者与非孤独者

再就业仅半年就请辞的前任领导

非常抱歉，我都这个年纪了还拒绝上班。这实在是太没出息了。

这样开头的冈田先生（化名），是某大型企业的前常务理事，在63岁退休的8个月后再就业。据说他是因为以往的工作经历才被录用的。

退休后没事可做，有人提醒我说容易得退休抑郁症，但幸运的是，那时我的下一份工作已经定下来了，所以还好。妻子也因为我只有8个月的空窗期，还能勉强忍耐我一下。

再就业的地方是与我之前工作经历相关的公司。几年前开始，他们就积极地从同一行业中招聘高龄员工。这次是曾经的上司叫我过去的。

公司对我态度非常好，也很接纳我，还有培训期，高龄员工也能被视为战力。虽然薪水降低了，但就本人的能力而言，我可以做到70岁。

我对自己的精力和工作的质量都很有信心，也很有干劲，想要利用所拥有的职业经验努力工作。

然而……半年后，我开始拒绝上班了，完全是在心理上被打垮了。

原因有很多。我越是想要满足期望，越是徒劳无功，与上司的关系也不顺利，还出现了类似于职场霸凌的情况。果然，人际关系真的很重要。

为了不让家人担心，我必须掩饰自己的担忧，这让我感到很疲惫。

还有……说句可怜话，我在以前的公司时可以随意乘坐出租车，周围的人也对我有所照顾。然而，在再就业的地方，我只是一个高龄员工而已。就连喝酒的地方待遇都变了。

这种情况我很早就有所准备，并且认为没什么大不了的。然而，实际经历之后，我感到很伤自尊。

听说像我这样的人被称作"腌制班味儿的盐没去掉"（苦笑）。

我还有工作以外的社交关系和兴趣爱好。我并没有意识到自己已经变成了一个孤立的"章鱼罐头人"（比喻封闭型人）。但实际上，在那个待了40多年的组织中，我确实是被班味儿完全"腌透了"了。

曾经拉我一把的上司也很关心我，这让我感到非常不好意思。结果，我在不到一年就辞职了。我原本最想避免的就是给周围人添麻烦……这真是令人感到羞愧啊。

某大型企业前常务　冈田先生（化名）64岁

盐腌班味难除：职场习惯的延续

许多人虽然会充满热情地重新就业，却因为无法摆脱过去"班味儿"的影响而辞职，这实在令人感到无奈。

所谓的"盐腌班味儿"是一个不成文的默认的说法，有时也被称作"手上的茧"⊖。一天中有1/3以上的时间都在充满日常管理的工作环境，这对个人的影响远远超出想象。

"在对别人说话前必须先问'可以打扰一下吗'。"

"在走廊遇到上司时必须立正、问候。"

"用餐时间要比上司晚，且在上司返回之前回到座位。"或者"对年轻员工用命令口吻说话是理所当然的。"等军队式规则。

"下属向上司报告是理所当然的。"

"杂务由年轻员工做是理所当然的"等年龄至上规则，这些是相对容易理解的潜规则。而"暴力性的业绩指标"或"异常的长时间工作"等则是类似于"黑胡椒"一样的规则。

⊖ 贬义，暗指被使用过多，过时的或被人习惯了的含义。——译者注

我认为全心全意投入工作是理所当然的。然而在新公司中，如果不做"自己工作之外的工作"，就得不到好评。明明我只是全力以赴地做自己的工作，反而被贬低。真搞不懂。

信息服务行业员工　相田先生（化名）62 岁

有些人在这种不同的公司文化中可能会因为以前工作的"班味儿"而难以适应新环境。

无论如何，公司的种类繁多，这些心照不宣的惯例和规则也各不相同。职场上潜规则对自己的影响不像腌黄瓜那样，用沸水煮一下就能轻松去盐，长期在同一家公司被"腌制"的思维方式可不是那么容易去掉的。那些忠实于工作的员工，被班味儿的"盐"——潜规则——腌得越透，就越难去除这些影响，常常陷入无法解开的难题中，导致其丧失自信。

尤其在日本这样具有强烈命运共同体意识的职场环境中，理解并践行公司组织特有的思维模式的人会更受重视，并更能获得职务和权力。当企业丑闻被揭发时，人们往往会发现，组织高层所秉持的教条主义和前例至上主义，就像是经过长时间沉淀的"盐"，它们已经固化成了难以改变的"盐化石"。

而且，职场中的职位越高，享受到的潜规则也越多。例如"高管以上配发信用卡""高管以上使用高管专用电梯""高管以上的家属专用的会员制住宿设施"等特殊的潜规则。更有甚者，由于周围的人总是迎合和恭维自己，提前为之铺路，这些人对陌生环境的适应能力变得脆弱了。他们无论如何抱着"作为一名普通员工努力工作"的决心，也会因为在新环境中不知道如何应对而感到困惑。在新的职场环境中，这些人好像完全处于"异乡"，无法询问不明白的事情，只能不懂装懂，甚至对年轻的上司打招呼都感到抵触。

自己多年积累的经验、自信心和"因为被看中才重新就业"的事实，都转化为一种"不能被小看"的烦恼情绪，最终将自己逼入困境。

不受欢迎的怨念大叔

长期在公司工作并有丰富的经验，竟然成为第二职业发展的阻碍，实在是令人不解。此时，"去班味儿"就是与自己对话的重要时刻。

一个人只要意识到自己已经被班味儿"腌透了"，即使只是暂时离开前线，也一定可以去除多余的"盐分"，所以不必害怕。

我曾主动要求"我来做这个工作"，并勉强保住了一些机会。但是，原以为轻松就能完成的事却屡屡失败，于是我陷入了不断自我厌恶的循环。当觉得自己不被需要时，我真的很痛苦，但只要压下心中的怨念，周围的人也会伸出援手。如今，我也掌握了一些最新技能，正在逐步扩大自己的立足之地。

食品制造公司职员　田中（化名）62岁

在完全陌生的新环境中除去固有的观念虽然很辛苦，但如果能像田中先生那样坚定信念，还是会有好事发生。

学习没有高低之分，所以只要扮演好"年长的新手"就没问题了。

许多人正因为不能做到这一点才使事情棘手，但对于那些拼命挣扎在再就业痛苦期，想有所作为的人来说，总会有人伸出援手的。这个世界并非那么无情。

因此，马上来检测一下你被职场文化"盐腌"的程度吧。

请回答接下来的15个问题，用"○"或"×"作答，答完后数一下"○"的数量。

盐腌程度检测清单

☐（1）讨厌被别人指手画脚
☐（2）会不由自主地讲自己的光辉事迹
☐（3）不太主动向比自己年幼的人打招呼
☐（4）不能把工作交办给下属处理
☐（5）有时会嫉妒成功的同学或同事

□ (6) 有时会对出租车司机或便利店店员感到烦躁

□ (7) 习惯用命令的语气和伴侣或孩子说话

□ (8) 邻里之间几乎没有来往

□ (9) 无法对伴侣倾诉软弱的情感

□ (10) 习惯对别人的意见或行为发表否定的看法

□ (11) 不擅长向人低头

□ (12) 比较严格地遵守规则

□ (13) 认为不应该说别人的闲话

□ (14) 对不懂装懂的人感到生气

□ (15) 不喜欢没有结论的讨论

职场文化或年龄之惑

以上问题基于我对超过700人的采访而制定（问题项利用了社交技能、自我评估、压力应对能力的知识，并以符合日本公司组织基本结构的措辞进行编制）。若"○"的数量越多，说明被职场文化盐分腌制的浓度越高。

- 10个以上，需要相当长的时间和持续不断地努力来去"盐"。建议由有去盐经验的前辈员工进行指导。
- 5~9个的，如果时不时释放压力，坚持3个月左右通常能自行解决。
- 2~4个的，只需抱有"我要去班味儿！"的决心，即可逐渐去除。
- 少于2个则并非受职场文化盐腌制的影响，只是单纯年纪大了，不必担心。

被班味儿腌制的最大问题不在于它的盐分浓度高，而在于缺乏自我认知。

那些未能察觉自己已深深陷入其中的人，可能会成为拖累年轻上司的人，或变成只会否定周围的人，有时还会在不经意间独断地推进工作，导致与客户产生纠纷，最终成为老年顽固派。那些抱有"想把自己的经验传授给别人""想做出好成绩来回报别人"想法的人，其想法越强烈，就越容易失控，越会被周围的人讨厌。而本人由于完全没有恶意，往往难以自我停止。久而久之，班味儿逐渐渗透，不容易被自己感觉到。

"被重新雇用的母公司的前人事部部长对我怒斥'要分清立场'，我觉得和他有牵扯会很麻烦，所以决定尽量不出现在他的视野中。"

这是第二秘书室的美春（化名，45岁）所说的。这话虽然可能有些刺耳，但为了顺利去"盐"，下面请看看她和同事惠（化名，48岁）、正子（化名，39岁）、香织（化名，56岁）等人关于被"未能意识到自己班味儿状态的人"困扰的经历。

嘲讽、蔑视与家人的放任

他曾是我们公司母公司的人事部部长。让我最先惊讶的是，第一天他就给了我们前公司的名片。我觉得只要稍微考虑一下就知道这种行为会被人怎么看。但是，由于他看起来像个和蔼可亲的大叔，我们还为他举行了欢迎会。

然而，我们的善意完全徒劳无功。不到一周，他就开始以傲慢的态度看不起我们。真是露出了本性啊！他总是讽刺我们"你们就是这样做的？""太没意识了"等，强加给我们他在前公司的做法。他根本不了解一线的工作，也没有表现出想了解的意图。我们只要稍微反驳一下，就会被他怒斥"要分清立场！"，就连好脾气如我也实在受不了了，在懊恼和愤怒中拖了两天才平复。

美春（化名）45岁

我们小区里有个曾经是某公司专务的人。他每周都会作为志愿者参加垃圾清扫，而且每次见到新认识的人都会问"你从哪个大学毕业，在哪工作"。此外，他对规则极其看重，有人稍有不慎分拣垃圾出了错，他就会百般调查，并找出犯错者，然后把垃圾放回那个人的家门口。

这也因此发生了纠纷，他还被物业管理人员警告了。他反而发火说："我只是做了理所应当的事""清洁人员会很为难的""不守规则的人没有共同生活的资格"……于是，他成了我们小区的"正义大叔"。

惠（化名）48岁

我经常打网球的地方也有一个"正义大叔"。他毕业于东京大学，曾是商业公司的精英。以前他不常来，但最近可能因为空闲时间多了，经常过来。一看到年轻人，他就会生气地说"你对待网球的态度太不认真了"。他是不是把别人当成自己的下属了？

正子（化名）39岁

我以前的上司完全退休了，不过因为妻子要离婚，他哭着找总裁，希望能找到再就业的机会。他就是因为所谓的家庭管理问题，对妻子过度干涉而被嫌弃了。

他曾是董事，所以总裁也不敢随便应付他，最终帮他在认识的公司里找到了再就业机会。然而，他在那里因为发生了纠纷，结果三个月就辞职了。我只能祈祷他不要回到我们公司。

香织（化名）56岁

对"过去荣光"的科学解析

如第二秘书室的成员们所述，人如果无法摆脱对过去的依赖，结果将非常令人遗憾。此外，人类的心理非常复杂，随着年龄的增长，人会对"现在的自我"的评价态度有上升的趋势，这使得问题变得更加棘手。

我们对人的"自我评价"进行分析，将其分为"过去的自我（至今为止的我是……）""现在的自我（如今的我是……）"和"未来的自我（总有一天，我是……）"三个阶段，并分析其与心境和年龄的关系，得出了以下结论⊖。

- 对"过去的自我"的评价：年轻人往往持否定态度；随着年龄增长，评价变得中立；50岁后评价趋于积极。

- 对"现在的自我"的评价：随着年龄的增长而提高。

- 对"未来的自我"的评价：年轻人持否定态度；

⊖ 该内容由文京学院大学人类学部学部长、心理学家下仲顺子提供。——作者注但逐渐转为积极，40岁前后达到峰值；50岁后急剧下降。

也就是说，超过50岁后，自我评价越高的人对未来的自己越感到不安。无法承受辉煌的过去与混乱的未来之间的差距，有时会依赖"过去的自我"来获得内心的安宁。

此外，由于大脑逐渐在非专业领域变得不专业，"过去的荣光"往往会持续存在到最后，这是一种令人困扰的机制。老化的大脑前额叶功能降低，导致情感控制能力变差。这导致他们对低于自己层级的人说出"别把我当傻子！"，经常表现出傲慢的态度，甚至怒斥对方的情况也增加了。他们被女儿或妻子说"这么做会被讨厌的！"时，可能变得更加固执。这和高龄司机在家人的劝说下仍不愿意注销驾照的情况是一样的。

从正义大叔到易怒老人

只是，出现这种情况时，当事人也会相当痛苦。据我了解，他们也或多或少因为被周围人视为麻烦而觉得不安。

过了50岁后，人们不得不面对曾经习以为常的事物在各种场景中逐渐失去现实，因此更加痛苦。粗暴的言行背后隐藏着对社会地位丧失的孤独感和对过去辉煌时期的执念。他们想要表达的是："我并没有那么糟糕！"

然而，无论他们有多么复杂的心情，周围人的真实想法却是"饶了我吧"。几乎没有人愿意对曾经出生在好时代的老员工产生共情。即便是同龄人也会训斥他们"别天真了！"甚至有被困扰的人会说"正因为有你这样的人，年轻一代才会望而生畏！"

以前，一位出租车司机曾感叹："喜欢说不讲理的话的多是上了年纪的男性。他们看起来很威严，但可能觉得我们这些年轻司机不值一提吧，说话时总是带有命令的语气。我如果被打了，可以打电话报警，但对于这种语言暴力，警方连通报都无法做到。这真是一个让人讨厌的社会。"

正义大叔和易怒老人之所以越来越引人注目，或许正是由于老年人口的增加。

我曾采访过一位曾在百货公司工作的72岁男性，他回忆说自己在超过70岁后就变得易怒，会对妻子大吼大叫，对店员的态度稍微不满就会勃然大怒，并且会不厌其烦地多次絮叨自己服务的心得。每次事后他都会反省，但始终无法自信地控制自己的情绪。

无论如何，在之前的检测列表中，如果你在"（1）讨厌被别人指手画脚""（3）不太主动向比自己年幼的人打招呼""（4）不能把工作交办给下属处理""（6）有时会对出租车司机或便利店店员感到烦躁""（7）习惯用命令的语气和伴侣或孩子说话"等项目上打了"〇"，那么你可能会直接受到前额叶老化的影响。试着在说话之前稍微停顿一下，只要做到这一点，并用心去坚持就足够了。

再就业即换工作

前面已经讲了很多严肃的话题，现在我们来谈谈"为什么去'盐'如此之难"这个根本性的问题。

简而言之，原因在于人们对"再就业等于换工作"这一认识的不足。

或许有人会恼火地说："再就业可不就是换工作嘛，这不是理所当然的事吗！你到底想说什么？"然而，正如"再就业"这个词所体现的，很多人常常觉得那些退休后，或者在退休前提前离职的人，他们的换工作行为是"原有工作的延续"。

这里需要再三强调的是，"再就业（返聘）就是换工作"，因为这一点很重要。在日本，即使是在退休后的返聘，严格来说也属于"公司内部换岗"。

无论你积累了多么丰富的职业经验，或者曾经担任过多么高的职位，首先要优先考虑的是成为组织的一员。这是为了在组织内成功建立自己的位置，即实现"组织社会化"。所必须要走的第一步。

组织社会化理论一般被应用于应届毕业生这类职场新人身上。但实际上，每次员工获得晋升或者岗位调动时，都需要重新开启组织社会化的过程，也就是所谓的再社会化流程。特别是在再就业的情境中，这一环节显得尤为关键。

组织社会化包括以下四个方面：

- 执行自己被分配的工作
- 建立良好的人际关系
- 接受组织文化、组织风气和组织规范
- 具备作为组织成员所应具备的属性

职场新人需要全面掌握这些内容。而对于有经验的职场人士来说，再社会化的首要任务是"建立良好的人际关系"。人们希望在新工作岗位上尽快证明自己价值这样的心情虽然可以理解，但无论具备何种能力，如果没能与周围人建立良好关系的话，这些能力都将得不到发挥。

老年人之间的无义之战

然而，那些长期处于权力地位的人已经习惯了周围人主动与他们沟通，因此在建立新的人际关系方面往往感到困难。

同时，原有成员们在接受新加入的"重要人物"时会不安地思考着：

"他是否会重视我们？"
"他会给我们带来什么样的利益？"
"他是否是真的值得信任的人呢？"

因此，他们会密切关注新人的每一个举动。尤其对那个同一批的"前辈员工"，他们的警惕心更高。

曾经有一位再就业的培训负责人感叹道："让老年人培训老年人是非常困难的。"资深老年员工会对新入职的老年人产生自己不能被轻视的戒备心理。由于过于担心且不想被人觉得自己老了或不想被人小瞧，他们有时会通过贬低对方来保护自己。这种情况就像是老年人之间的骄傲之战。

老年人"换工作"后，重要的是要充分理解并接纳原有成员的心情，并通过沟通来化解他们的不安和警惕。这无须深度介入，首先要缩短心理距离。对于那些不擅长客场的人来说，这需要像征服珠穆朗玛峰那样的巨大能量，也是他们必须克服的挑战。

这种情况下可以参考中年女性的沟通技巧，她们恰恰俱备组织社会化成功的最佳战略。

中年女性的强大沟通力

中年女性的最大优势在于她们擅长通过沟通进入对方的内心。如果用负面的词汇来描述，这种沟通方式可以称作"多管闲事"。随着女性年龄的增长，人际关系变得更加深厚，生活乐趣也随之增加，相反，男性之间则容易变得淡漠，这也与沟通方式的差异有关。

一般来说，男性倾向于通过"做事情"来建立关系，而女性则倾向于通过"存在感"来构建关系。男性在沟通中追求"解决问题"，而女性则以"共情"为目标。女性在对话中常用疑问句和模糊的表达，这也与她们重视共情有关系。女性喜欢聊天，正是因为这是拉近彼此距离的最佳方式。

例如，有些男性上司会抱怨"女性下属来咨询后，我明明帮她制定了解决方案，但不知为何，她还是一副不满的样子"，这实际是由于缺乏共情，女性下属其实是希望上司能说出"确实如此"以表示共情。从某种意义上说，咨询本身就是目的。因此，上司越是想解决问题，女性下属就越觉得自己被否定。如果上司能说一句"这样啊，真是辛苦了"，她们就会感到被安慰，而不是像被责备一样。

妻子问"你渴了吗？"的真正含义

对于女性来说，交流中的语言目的是"与对方建立联系"，而男性则更多关注"信息交换"。前者被称为

"关系性交流"，后者则称为"报告性交流"。

以下这个夫妻对话常用来解释男女的沟通风格差异。

妻子："你渴了吗？要不要停下来喝点东西？"
丈夫："不用。"

妻子关心正在开车的丈夫，担心他会强撑着继续驾驶，于是问他是否需要停下来喝水。然而，丈夫回答说"不用"。从字面上看，确实如此，这真是一段简单的对话。

但当丈夫继续开车时，妻子却感到不快。丈夫于是追问："怎么了？你为什么生气？我说错了什么吗？"妻子这样回答："我只是想停车下来买点饮料什么的……"

也就是说，妻子期望听到的回复是"我不是很渴，但你想喝点什么吗？"这种关心她感受的回应。

男性可能会觉得"那就直接说出来嘛"，但这正体现了"做事情"与"存在感"之间的差异，以及报告性交流与关系性交流的不同。

"多管闲事"的关怀

医药公司副总裁山本（化名）曾向我咨询，"即使给下属提供了工作上的建议，我感觉他们似乎都觉得厌烦"。我建议他尝试"关系性交流"。

半年后，他分享了他的体验：

会议结束后，我决定试着在离开房间时说一句"多管闲事"的话，比如："你妈妈还好吗?"或者"你爸爸会打高尔夫吗?"这样，对方也会回应一些类似"在照顾他……"或"他生病了……"或者"母亲一个人……"的情况。因为年轻员工的父母大多与我同一时代，仅仅通过这样一句简单的关系性交流，就能缩短彼此的距离感。

我之前以为自己一直很重视与下属的沟通，但通过这种"多管闲事"的对话方式，我觉得自己更加理解了沟通的本质。

医药公司副总裁　山本（化名）62岁

如此诉说的山本，现年62岁的他依然在再就业的职场快乐地工作。

有些专家用大脑的性别差异来解释男女沟通风格的不同，但我认为这并非仅仅源于生物学上的性别，更多是由社会性别，即男性和女性由于社会角色的差异而形成的性别造成的。

当然，也有一些男性（尽管比例较少）的沟通风格偏侧重"存在感"，这些男性在成长过程中往往被姐妹包围，或者在公司中过着不太可能会升职或没有拥有权力的职业生涯。许多人自嘲地说："我其实就是个'妇女之友'。"

这些男性通常在再就业的职场或社会中是受欢迎的，是能够和年长的女性以及年轻人一起愉快相处的红人。他们擅长关系性交流，这能有效地拉近与周围人的距离。

公司与社会：沟通力的反比定律

常言道，公司的常识往往不是社会的常识。公司组织通常要求"效率和生产力"，而在社会中，"无用和随和"反而成为人际交往的润滑剂。社会中许多事情并不是非黑即白，而是灰色地带；不是秩序，而是混乱；不是为了解决问题，而是共情；不是重逻辑，而是重情感。就像山本先生那样，通过在效率之后加入一些"无用"的元素，有时会发现以前未曾注意到的变化。

在男性主导的环境中，浑身是职场文化腌渍的男性可能对"关系性交流"感到犹豫。然而，关系性交流本质上是一种技能，不需要特别用心。"哦，原来是这样啊""那真是辛苦了"这种简单的回应也可以。顺便提问一下"这个怎么做呢？"或者偶尔试着说一句"谢谢"，即使只是低头示意也好。关键是要在公司里尝试那些原本认为无用的对话。

另外，还有一个希望大家记得的事情——不必总是扮演工作能力强的人。

如果过于强调必须取得结果，一个人可能会为了展示自我价值而不由自主地逞强。然而，相对于扮演"强大"和"厉害",人们对"柔弱"和"不完美"更容易产生共情,也会因此感到"哦,这跟我一样",从而感到安心。

只要重视简单且面对面的沟通,周围的人会帮助你适应。因此就算你不认同,也请专注于建立半径3米内的人际关系。

因为第1章、第2章的内容略显沉重,下一章将转向关于退休后独自生活的积极话题,即本书最重要的主题"意义感"。

第 3 章

孤独的前兆:

寻找意义感

133位打工人的肺腑之言

这个糟糕的世界实在太残酷了，这个国家也是一无是处。但是，消防员是真的在做一些有意义的事情。他们灭火，会抱着婴儿冲出来，会为奄奄一息的人做人工呼吸的急救。马虎大意可是不行的，这是真正的对手。这份工作是我的梦想。

这是大约40年前，消防员汤姆·帕特里克谈论自己工作时描述的内容。

采访者是斯塔兹·特克尔（Studs Terkel），他从事过各种各样的职业，后来成为广播主持人和电视节目主持人，活跃在各类舞台上，并创立了他独特的"口述历史"的采访风格。

特克尔在美国嬉皮士登场、年轻人不再工作的年代，花了整整3年时间，采访了从事过115种职业的133人，并于1972年出版了《美国人谈工作：他们整天做什么以及他们的感受》（*Working: People Talk About What They Do All Day and How They Feel About What They Do*）。这本书完全由打工人的"讲述"构成，依读者当时的心理状态，可能会有不同的理解和感受，堪称艺术性书籍。

正如特克尔所说："这是一本关于工作的书，也是一本关于日常屈辱的书。"书中的133个人生动的话语，不仅包含了对"工作到底是什么？"这一直击灵魂的根源性的问题的思考，还展示了人们第二天就把这个问题的答案抛之脑后继续工作的复杂心理。

那些对没有回报的日常生活表达不满的人不胜枚举，比如抱怨"我们是机器"的钉子工，喃喃自语"我就像个笼中鸟"的银行出纳员，咬牙切齿说着"我就是头骡子"的钢铁厂工人，和自嘲"我的工作连猴子都能做"的前台姑娘们等。

但在这些人中，也有少数一些人尽管感到不满，但在日常工作中仍发现了其魅力所在，并以此为荣。消防员汤姆·帕特里克和女服务员多萝斯·但丁就是其中两位。

无声的女服务员

特克尔在前言中写道："消防员汤姆·帕特里克的话成为本书的最后总结，同时也可以说是呼应前言的结论。"因此，他引用了那段话。帕特里克用"真正的对手"这种独特的表达，体现了他对工作的高度自豪感。

书中还写道，23年来在同一家高级餐厅每周工作6天的但丁，却无法忍受光鲜亮丽的客人对她"只是个普通服务员"的看法。

尽管如此，她每晚仍继续做服务员，因为她像帕特里克一样，对自己的工作有着坚定不移的自豪感。

她说："当客人问我为什么做服务员时，我会反问他们'难道你们不觉得接受我的服务很有价值吗'，我在把盘子放到桌上时，一点声音都不会发出。我甚至会把每个杯子都放得完美无瑕。做服务员也是一门艺术。我觉得自己就像一名芭蕾舞演员。"

餐厅即职场，也是她的舞台。她致力于塑造服务员的角色，不是单纯地为客人服务，而是扮演一个完美的服务员。

从帕特里克和但丁的讲述中，我们可以感受到他们的人格和将工作做到极致的强烈意志，这是超越工资的崇高追求。

帕特里克和但丁所拥有的，是那些只是抱怨的人所没有的。

这就是"意义感"。

坠毁事故与胆小的自卫官

所谓"意义感"，是一种通过全心投入眼前工作而身心得到升华的感觉。

帕特里克通过扑灭熊熊大火拯救遇难者找到工作意义，而但丁则通过全身心投入看似单调的服务，从不偷懒，埋头苦干来发现其意义。

意义感强的人会将困难和压力视为对自己的挑战，认为面对困难的意义在于将工作做到最好。"这是我必须完成的工作"的信念和坚定的"人生价值判断"的基础便是意义感。

在英语中，"价值观"对应的单词"values"采用的是复数形式。这一形式其实是在表明，在众多的"价值（即重要的事物）"当中，人们需要明确究竟应该优先考量哪些事物。而那些拥有强烈意义感的人，往往能够顺利且成功地做出这样的判断。

曾经在一次交谈中，作为产业医师的筑波大学教授松崎一叶提到过一位在御巢鹰山JAL坠毁事故[⊖]中参与救援的防卫厅（现防卫省）高官的故事。

⊖ 指1985年8月12日，日本航空由东京国际机场飞往大阪国际机场的123号班机空难。——编者注

处理坠毁现场的工作对自卫队最前线的硬汉们而言也是极为艰难的，这位男性高官在第一天就决定："我无法忍受。我没有作为自卫官的品质。完成这次任务后，我就辞去自卫官的职务。"然而，从第二天起，他便心无旁骛地全心投入这项艰难的工作中。

于是，经过第二、第三天的工作之后，他逐渐产生了"只有我能完成这项艰难的工作，只有我们部队才能做到"这样的想法。带着这种自信和自豪感，他坚持到最后，并在完成任务后也一直以这种心态工作到退休。

无论何种工作，哪怕是自认为艰难到无法完成的工作，只要坚持不懈地去应对，内心的意义感就会不断增强。

全力以赴带来的意义感

奇妙的是，当我们以"反正无论如何也得不到回报，就随便做做吧"的心态去工作时，自我存在的意义会逐渐模糊，工作也会变得越来越无趣。相反，当我们无所顾虑地全心投入工作时，往往会看到黑暗中透出的光芒。

当你尽力而为时，即使没有人看到，也总会有人理解你。这些人可能会用一句平淡而温暖的话语"嗯，我们下次再加油"来为你充电，激励你继续努力，让你萌生对自己的自豪感。

意义感是一种生命力，它在人们"完全燃烧（全力以赴）"地投入时，以及在与自我周围"三米半径世界"的互动中被激发出来。

于是，每当成功克服困难，内心的意义感便会随之增强，而这意义感又成为推动人们去获取丰富人生所需的各种资源的动力。尤其值得一提的是，"自我管理能力"与意义感之间存在着极为紧密的联系。通常情况下，意义感较强的人，往往也具备较高水平的自我管理能力。

自尊的本质

自我管理能力，指的是个体能够自主决定自身行为和思维方式的一种内在感受。简单来说，它本质上就是一种"对自己的自豪感"，甚至可以直接用"自豪感"这个词来替换表述。

尽管"自豪感"这个词汇在日常生活中较为常用，但其真正的含义在于，无论从事何种工作，都能以对待伟大而崇高事业的态度去完成它，这才是"真正的自豪感 = 自我管理能力"的体现。

自我管理能力较强的人，虽然也会接纳他人的评价，但他们更能够认可和肯定努力付出的自己。正因如此，他们在精神上极为自由，在面对困难时又表现得坚韧不拔，就如同帕特里克和但丁那样。

在专业领域的术语体系中，"资源"被称作通用抗逆力资源，它指的是那些能够帮助我们规避或应对生活中广泛存在的压力源（即压力产生的原因）的各类事物。像金钱、体力、智力、知识、社会地位以及人脉等，都涵盖在资源的范畴之内。

"通用"这一词汇的使用，有着特定的背景含义。一方面，它意味着这些资源并非仅仅对特定的压力源起作用；另一方面，它还表示这些资源可作为应对所有压力源的通用资源。简而言之，"拥有并成功获取丰富多样的资源至关重要"。

除此之外，资源的作用不仅体现在帮助我们应对压力方面，还能提升我们在身体、心理以及社会层面的满足感。举例来说，要解决贫困问题，金钱（作为一种资源）是必不可少，而且通常情况下，经济上的富足往往能够提升人们对生活的满足感。

小小英雄的目标

"在同一家公司工作到退休，就这样一眼望到头！"这样的工作方式已经过时了，如今，自我管理能力无疑是生存中极其重要的资源。

一个人如果拥有强大的自我管理能力，无论身处何种集体中，都不会被外界的目光所左右，你可以选择一种与公司共存而非融为一体的工作方式。自我管理能力强的人，无论在多么严峻的环境中都能相信自己，持续挑战自己。在信息过载的社会中，这种内在的坚韧性显得尤为吸引人。从稍微理想化的角度来解释的话，自我管理能力就像是引导你成为"小小英雄"的力量，尽管你可能不会因此变得出名。

然而，公司作为一个精巧的系统，会通过一系列活动营造出一种让员工觉得仿佛一切都是自己自主决定的假象。例如，参与新业务项目、以公司代表身份赴海外工作、负责招聘应届生或社会人才等，都能让员工体验到一种自主决策的愉悦感。

更值得注意的是，社会地位的提升或是高收入带来的外在富足状态，往往会在不知不觉中侵蚀个人的内在品质，诸如诚实、勇气、谦逊和耐心等。这种情况下，人们对"权力"的过度执着，将自己价值的判断完全寄托于公司或上司身上，会失去独立思考和自我判断的能力。

归根结底，越是忠于公司的"组织人"，自我管理能力往往越脆弱，其工作也容易变成只以"做公司的员工"为目的。当公司将他们视为无用之人时，他们的自信会逐渐被削弱，会变得迷茫，甚至对自己的存在意义产生怀疑。

终究只是公司的螺丝钉

我在32岁时生育，休假了一年三个月后回归职场。然而，公司却没有了能接收我的部门。此时，恰好赶上了公司人事调动的时期，人事部长告诉我"倒是有个备品管理的工作"时，我深受打击。我在公司勤勤恳恳当牛作马工作了10年，一直是顶尖的员工，为什么仅仅因为休假了一年就被告知不再具备战斗力了呢？这让我完全无法接受。

于是，我意识到，我只是公司的一个螺丝钉而已。

然而，我很喜欢我的工作，所以不想辞职。我于是坚持不懈地央求前上司，终于被调回了与之前工作相关的部门。

在那里，新的上司告诉我，"不要灰心，做好你现在能做的事情"。在这里，我也没有退路了，因此拼尽全力去做。最终，我在那个部门工作了13年，还获得了两次社长奖。

然而，上司退休后，我被继任的新上司调离了，降职调任到了一个之前经验完全派不上用场的部门。这下又要重头来过。在45岁经历这样的调整确实很艰难。但由于我已深刻认识到公司的不公，我决定全力以赴做好眼前的工作，同时继续申请调动至刚进公司时就想去的部门。

那个部门有很多海外出差的机会。如果不这样做，我很难保持工作动力。

结果，我竟然在一年后收到了调动通知。这是所谓的"连锁人事调动"（人事调动的一种方式，因一人调动引发的其他人调动而形成的"滚雪球"效应），兜兜转转，最终我被这支白羽箭射中了。无论是好是坏，对公司来说，我仍然只是个螺丝钉。我深感人事安排的随意性。

我为自己是公司员工感到自豪，并且相信在这家公司我能做的工作是独一无二的。因此，我希望能延长雇佣期限，并优雅地实现软着陆。

如果公司将我淘汰了，船到桥头自然直，到时候再努力就好了。我虽然也对退休后的生活感到不安，但不会对人生感到不安。因为30多岁的时候我也曾经历过绝望，我相信一切都会好起来的。

某媒体公司员工　真由美（化名）54岁

坚持自我

经历了30多岁时失去立足之地的无奈，真由美虽然放弃了升迁，但没有放弃自己的职业生涯。她选择了以"职业人"而非"组织人"[⊖]的身份继续生活。

当面临某种障碍，遭遇无法如愿的局面时，人们往

⊖　"组织人"指的是在组织内部角色和责任明确、与组织高度绑定的个体；"职业人"指的是专注于工作职责和职业发展的个体。——译者注

往容易不由自主地找借口，比如"因为是女人""因为上了年纪""因为这家公司""因为时代不好""因为当政者不好"等，然后仰天长叹。

然而，障碍有时能让人有所觉察，有时也能激发出潜在的力量。

对于真由美来说，她所面对的是"公司的螺丝钉"的严酷现实与"想在这家公司工作"的强烈愿望。正因为感受到她的坚定意志，上司才会鞭策她，鼓励她，她也诚恳地接受了这些教诲并努力坚持，这正是所谓的自我管理能力。

可能很多人会认为"在育儿的同时是不可能工作的"或"还是专注于家庭比较好"。但她没有放弃自我。即便只有一个支持者（即上司），她依然能坚持自己的信念。

她也因此获得了"船到桥头自然直，到时候再努力就好了"的坚韧，并形成了"职业（即人生）由自己决定"的坚定价值观。

50岁：男人衰弱，女人变强

有一项有趣的调查对比了公司50岁的男性员工与女性员工的意识差异。

这项调查由公益财团法人21世纪职业财团进行，调查对象是50岁时在300人以上的企业作为正式员工工作（或曾经工作过）的2820名50~64岁的男女，并形成了一篇调查报告，名为《关于女性正式员工50~60岁的职业与工作方式调查——从男女比较的角度来看》。

"50岁问题"抑或是"在职老人问题"，一直被视为"男性问题"。然而，自从1986年日本《男女雇用机会均等法》实施至今，已走过近40年。在此期间，50岁以上的女性正式员工数量正逐渐增加。为了了解50岁以上女性在职场中的实际情况，并探寻能够有效推进女性职业发展的相关政策，该调查应运而生。

我自己也发现，受访者中男性占绝大多数，正因为如此，我在探讨50岁问题时，不可避免地会从男性的情况和立场出发。

然而，在那些作为少数群体的女性受访者中，我感受到了一些男性所不具备的特质，只是我很难判断这些特质究竟是女性特有的，还是仅仅少数群体特有的。

在这份长达340页的报告里，清晰的数据为某种困惑提供了有力支撑。报告通过具体数据，展现出男女在工作态度上的显著差异：女性在工作中呈现出坚韧特质，而男性则体现出特有的脆弱感（以下为报告摘录）。

- 对于"各年龄段重视的事项"这一问题，男性在20岁时对"成长""工作的趣味性""信任"的重视度最高，但逐年下降。相比之下，女性在"成长""工作的趣味性"方面，40岁前有所下降，但在50岁时上升。"信任"方面，30岁时曾一度下降，但在50岁时又有所上升。
- 对于重视"升迁、加薪"的年龄，男性在30岁达到峰值，而女性在40岁达到峰值。
- 关于"不辞职的原因"，70%的男性回答的是"因为必须养家"，而女性中50%选择了"希望经济独立"，其次是"希望不与社会脱节"。

- 在工作价值观方面，男性普遍重视"挑战困难工作"和"升迁、加薪"，而女性则更注重"良好的人际关系"和"工作与家庭的平衡"。

与自身最具动力的时期相比，综合职位中，45.8%的男性表示"现在动力较低"，而女性在这方面的比例仅为21.6%。

对于"希望继续提升或发展技能"这一观点（将"非常赞同"与"稍微赞同"的情况合并统计），综合职位里有58.1%的男性持肯定态度，女性的相应比例则达到70.6%。

在综合职位人群中，关于退休后的打算，43.6%的男性计划"继续在当前公司再就业"，女性的这一比例为34.4%；打算"换工作"的男性占综合职位男性总数的19.5%，女性占比为13.9%；还有19.9%的男性表示"不确定"，而女性中"不确定"的比例高达30.1%。

总结这些数据，结果大致可以归纳为——

与男性相比，50岁的女性员工展现出截然不同的职场状态，她们依旧活力满满，上进心与成长欲望丝毫不因年龄增长而衰减。然而，在退休后的工作方式规划上，这一年龄段的女性却面临诸多困扰。正是在这样的对比之下，这些活力充沛的50岁女性形象愈发鲜明地呈现在我们眼前。

组织人的男人与职业人的女人

　　在调查对象里，50~60岁的女性在年轻时，如同前文提及的真由美那般，需要在育儿与工作之间艰难平衡，这无疑需要极大的意志力与不懈的努力。在那个时期，产假歧视极为普遍，许多女性直至产假即将开启才停下工作，甚至还有不少人未休育儿假便匆匆复职。事实上，依据上述调查，尽管46.8%的女性育有子女，但在50多岁仍在职的女性群体中，真正享受过"产假和育儿假"的仅占16.7%。

由此可见，女性所面临的"性别"这一无法规避的巨大阻碍，远比人们想象的更为严峻、难以跨越。不过，正是这些克服重重困难的经历，极大地提升了女性的包容能力与顽强的生存韧性。她们始终秉持着绝不放弃的生活态度，也正因如此，她们的上进心与对成长的渴望得以长久保持。

　　然而，男性在40多岁的时候，已经明确了自己在公司中的位置，可能会因此丧失动力或自我设限。与此同时，他们也会自问"就这样直到退休真的好吗"，却又因要养家糊口，不得不在现实中苦恼挣扎。

　　日本依然是男权社会，男性看似主导一切，实则也活得辛苦。尽管医学的快速进步极大地延长了寿命，但从商业逻辑来看，50多岁在职场依旧不受青睐，这是一种严酷的现实。

　　这样的社会环境，使得男性员工的心态愈发脆弱。

　　总的来说，女性在公司中会成为"职业人"，而男性则成为"组织人"。女性的日常生活包括育儿、与邻里的交往、照顾年老的父母等，而男性的日常活动范围则主要是公司。女性作为母亲、女儿，少数群体则有机会成为公司中的女性员工，而男性则普遍仅仅作为公司员工生活在世界中。

这种性别差异主要源于性别和男性主导世界（即男权社会）的原因。但即使是男性，也可能因疾病、降职等突发状况，提前退出这种游戏，转而成为"职业人"。

不管怎样，她们和像她们一样的职业人的共同点是，其内心支柱都有工作和家庭。在之前的调查中，很多女性在工作时都把良好的人际关系、工作和家庭并存放在首位，可见她们在工作生活和家庭生活中，都非常重视半径3米的人际关系。

家庭、工作、健康的幸福之球

"内心支柱"指的是一个人在生活中主观上认为重要的领域，简言之，即支撑个人在世界的重要事物。

我们可以感激并珍惜那些内心支柱中的重要事物，无论遇到何种困难或痛苦，我们都会竭尽全力守护它们。只要这些重要事物存在于内心，幸福感就会提升。

美国健康社会学家阿伦·安东诺夫斯基（Aaron Antonovsky）博士提出，若一个人在主观上没有认定任何重要的领域，那么他的生存能力会较弱，其应对压力的能力也难以得到提升。他强调，在个人内心支柱中，"与亲近的人（如家人、朋友）的联系、与社会的联系（如工作、志愿活动）、敬畏生命（如健康）"这三大要素至关重要。

我们只有意识到支撑个人世界的重要事物时，才能战胜困难和痛苦；如果没有这些重要事物或无法明确其重要性时，我们就无法前行。模糊不清的不安感只会加剧内心消耗。能够驱散不安的不是躺平，而是前进。只要我们能够积极应对，那些多余的不安就会减少。

总之，只有当个人内心支柱中包含"家庭""工作"和"健康"这三者时，生存的力量才能被激发。通过像玩杂技一样不断平衡"家庭""工作""健康"这三个幸福之球，我们才能走上幸福的人生道路。

他人的影响

法国哲学家让-保罗·萨特曾将社会中的目光称作"le regard"（注视），并指出：人一旦有所意识，便总会受到所处情境的束缚。他人的目光会使我们从基于自身本真的存在状态，转变为被他人定义的存在状态，即"他人即地狱"。尤其在以个人为中心、半径3米的生活小世界里，他人目光所产生的影响极为深远。

突破他人目光的禁锢，重新寻回"自我"的触发点在于个体内心萌生的意义感。而界定自我意义感的标准，则在于每个人自身所构建并坚守的"内心支柱"。

正如"懒散大叔"这一称谓所反映的，社会对于50多岁员工往往投以严苛的目光。尽管处于这样的舆论环境，只要个人的内心支柱清晰明确，就能够聚焦于那些对自身真正有意义的事物。不再一味逃避周遭世界，而是主动构建一个自我认可、接纳的生活空间。如此一来，自然而然便不会再过分在意社会的眼光。当一个人全身心地沉浸在令自己感到满意的自我状态中时，甚至会忘却曾经陷入空虚心境的缘由。

9:1法则

内心支柱的具体内容随着人生阶段的变化而改变，人需要顺应时事，将其向外释放或从外部引入。那些具有很强意义感的人，往往能够巧妙地进行这种调整。

例如，一个人在即将彻底退休时，可以将此前在心中占据重要地位的有薪工作排除在外，代之以无薪工作（如志愿活动），通过具体行动和精力的投入，来维持幸福感。

对于那些为了养家而工作的男性来说，在公司中建立地位已成为其价值的一部分，因此可能难以接受因职位退休而导致的薪资下降。仅仅因为薪资低于过去，可能会感到自我价值下降。看到职场同事或学生时代的同学赚得更多，可能会产生嫉妒心理。受到周围人的轻视，也可能会感到不满和焦虑。

然而，人的能力在本质上不会在短期内发生太大变化。此时应停下来，重新审视一下什么才是真正重要的，然后请相信自己的判断。一个人即便只是从诸多事项中选定1/10，全身心地投入其中，所获得的意义感也会显著提升。这正是"9:1法则"。这种坚定而缓慢的努力，最终会变成我们自信的源泉，也会赋予我们具体的意义，这将大大改善从50岁开始的人生质量。

平衡人生的幸福之球

在上述的真由美女士接受采访后的半年，有一天她突然联系了我。

她告诉我，她被查出了癌症。幸运的是，发现较早，经过两周左右的住院治疗就能痊愈。她发来的邮件中写道：

当医生告诉我这个消息时，我止不住地流泪。现在已经平静下来，我也在很努力地工作。不过，我在想，50 岁这个年龄应该就是这样的吧。

"我止不住地流泪"这句话的背后，藏着她数不清的困惑和忧虑，日复一日，她究竟是在怎样的煎熬中度过的呢？她说，"50 岁这个年龄应该就是这样的吧"，而她接受这一切的过程不知要下多大的决心呢？

人生充满变数，不仅工作上会有突发状况，连生活本身也是意外频生。然而，她还是以自己的方式努力调整，取得了生活的平衡。她悉心守护着人生支柱中那三个幸福之球，并以她自己的方式在内心对"重要事物"进行了调整。

第 4 章

比死亡更可怕的孤独世界：
身份认同的丧失

那些"算了吧"的瞬间

回想起来,我曾经也有很长一段时间被视为年轻人。

一个人在年轻的时候,即使失败也能得到"你还年轻"的宽容,甚至在说出一些无厘头的话时,反而会被赞扬为"这就是年轻嘛"。仅仅因为年轻,就受到宠爱,而从年长女性口中听到"年轻真好"这样带刺的话时,我感到自尊心莫名其妙地受到了伤害。

然而,在某个时候,我突然意识到自己不再是"年轻人"。当我说出一些无聊的笑话或自嘲时,看到对方困惑的反应和努力刻意的迎合,我有一种似曾相识的感觉。曾经,天气主播姐姐也会这般假装喜爱大叔们讲的无聊冷笑话,还有在吐槽文化刚刚兴起的阶段,大家热衷于回复一句"是的是的",看似应和,实则暗暗回击大叔们的自我吹嘘和居高临下的人生说教。往昔那些年少轻狂、连"年龄"中的"年"字都从未认真思量过的日子，此刻如走马灯般在我脑海中快速闪现。于是，我感到了难以名状的沉重，啊，我们的时代已经结束了。

但是，五分钟后，我就会产生"人生怎么能就这样结束！"的想法。悲哀的是，我已不能够持续产生动力了，又时常会生出"算了吧"的想法，只剩下脚踏不实、漂浮不定的不适感。

无图航行：身份认同的重建

从 40 岁后半段到 50 岁，这个所谓的中年期被称为"人生的转折点"，有"中年危机""职业危机""人生的下午""思秋期"等多种说法。

在这个阶段，除了工作地位的变化和体力的下降，常常还会接到恩师去世或同学去世的消息，内外部的负面事件逐渐增多。父母的变化也愈加明显，父亲的背影似乎奇妙地变得渺小，母亲则开始重复同样的话题，人生的时间观念也在微妙地变化。年轻时几乎没有意识到的失落感变得愈发清晰，模糊的不安感也随之而来。

这种状态被称为身份认同感危机，这是一个契机，是一个人走向成熟还是退行消亡的分岔路口。

虽然"身份认同"这个词通常让人联想到青年期，但实际上，人生中有很多事件会动摇我们的身份认同。尤其在中年，无论是作为职场人还是家庭人，身份认同都面临着变化，因此不得不在没有航图的海洋中重建身份。在这一过程中，是否能够有意识且积极地面对身份认同问题，将决定人生的下半场。

要将中年危机转变为成熟的契机，必须具备审视自己在共同体中的角色的眼光。这不仅需要专注于自我提升（即自我身份认同），还需与他人建立良好的关系，确立基于关系的身份认同。

身份认同是通过自我身份认同和基于关系的身份认同两大支柱来确立的。当我们能突破以自我为中心的思维模式，努力为后辈、为子女、为社会、为他人做出贡献，才能真正实现人性的成熟。

退役启示：重建半径3米内的人际关系

去年，还记得日本棒球运动员铃木一郎在退役记者会上宣布从一线退役时提到："大约是去纽约之后吧，能让别人高兴成了我最大的快乐。"

这句话体现了基于关系的身份认同。

一郎通过帮助"半径3米世界"内的人，重建了自己的身份认同感。即使是一郎这样的超级明星，也审视了自己在共同体中的角色，并成功克服了中年危机。

这个话题听起来虽然稍显复杂，但"我"并不是孤立存在的，是由自我周围的社会环境（如家庭环境、职场环境等）中诸多有形和无形的环境因素复杂交织在一起而形成的（图1）。即便一个人无比自信地说"我是一匹孤狼"，他与他人的关系质量仍会深刻影响"我"的存

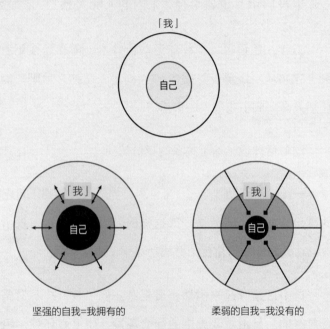

坚强的自我=我拥有的   柔弱的自我=我没有的

图1　我的概念图

在与认知。

然而，与他人的关系往往是无形的，因此许多人无法建立基于关系的身份认同，最终陷入孤独。

尤其在面临职位退休等不稳定状况时，人的动力会下降，容易出现自以为是的言行，逐渐避免与他人互动，甚至躲避人群，选择在咖啡馆或图书馆消磨时间，久而久之，陷入孤独的消极循环之中。

切肤的孤独

孤独感是指人感受到"与社会连接不足"的主观情感，即使在与家人或同事在一起时，也可能会产生难以忍受的负面感受。

长期感到孤独的话，孤独就会像血液循环和内脏起伏一样，悄无声息地深入体内，侵蚀身心，甚至增加患心脏病、脑卒中、癌症等风险。

- 感到孤独的人死亡风险高出26%
- 孤独感导致血压上升、压力激素增加、免疫力下降
- 孤独感与阿尔茨海默病和睡眠障碍相关
- 乳腺癌生存者中，感到孤独的人复发风险更高
- 孤独感对健康的危害相当于每天抽15根香烟

  ……

关于孤独研究中，迄今从未发现孤独的积极面。

美国杨百翰大学的霍尔特·兰斯塔德博士（Julianne Holt-Lunstad）等人的研究分析表明，未满65岁的人患孤独相关疾病的风险要高于65岁以上的人，且独居等"社会性孤立"也会增加死亡风险。

社交网络的虚伪

作为社会性动物，人类通过与他人互动生存下来。共同生活是人类建立信赖的基础，这种信赖为我们带来安全感。缺乏共同生活的社交环境会引发持续的不安，成为巨大的压力源。

长期承受压力会削弱免疫系统，增加感染各种疾病的风险，甚至会增加中风的风险。此外，心理上的伤害可能导致人认知功能下降或产生抑郁倾向。

切肤的孤独，已经不再仅仅是心理问题，而是一种身体疾病。

人类独自出生，独自死亡，短暂的孤独感在日常生活中司空见惯，因此我们往往认为这就是人生。然而，"孤独"与"联结"并不是一枚硬币的两面。两者能够和谐共处、互不矛盾，这才是健康的身心状态。

社交网络虽然让人可以与他人轻松连接，但实际上可能会加剧孤独感。社交平台的高频率使用者相比低频率使用者，抑郁风险高出2.7倍（来自匹兹堡大学医学部研究团队的研究结果），使用频率越高，幸福感越低（来自密歇根大学研究团队的研究结果）。

也有相关研究显示，对于那些在现实生活中拥有广泛且紧密的社交联系的人而言，社交网络能够成为他们进一步拓展人脉、深化彼此关系的有效工具。然而，对于那些在现实生活中社交圈子狭窄、人际联系稀少的人来说，频繁使用社交网络不仅无法拉近他们与现实世界的距离，反而可能会减少他们与周围真实社会环境的互动，进而加重他们内心的孤独感。

单纯依赖文字来开展的网络沟通，尽管能在理性层面让我们产生一种与他人相互关联的感觉，可在情感和内心深处，却难以真切地体会到这种连接的存在。倘若缺乏与他人面对面相处、共同生活的经历，我们往往很难从心底真正信任对方，不仅如此，这种情况还可能进一步加剧我们内心的孤独感。

霸凌与同期文化

孤独被认为是与抑郁症齐名的现代病，在世界发达国家中日益扩散。

例如，在美国，30年前，每10人中有1人表示"没有可以讨论重要问题的对象"的人，而如今，这一比例已上升至每4人中有1人。根据美国医疗保险公司信诺集团（CIGNA）的调查，约半数的美国人表示"有时，或总是感到孤独"。

同时，在6560万英国国民中有900多万人受到孤独困扰。2018年，英国更是在世界上率先设立了专门应对孤独的"孤独大臣"一职。在德国，饱受孤独之苦的德国国民也在增加，德国发布了联邦政府对抗孤独的策略政策计划书。

在日本，孤独逐渐被视为男性，尤其是中年男性的代名词，近几年备受关注。书店中充斥着关于孤独的书籍，各种杂志也对男性孤独进行了专题报道："在发达国家中，日本的男性不与朋友和同事交往的比例特别高""只有日本才有很多中老年人闭门不出""日本男性是发达国家中最不信赖他人的人"等。可见中年男性的孤独状态成为社会关注的焦点，并被当作一个亟待解决的问题来对待。

然而，孤独并不仅限于中年男性，高龄者孤独死、青少年自杀、辍学和闭门不出等社会问题表明，孤独影响着不同年龄段的人。我认为，中年男性的孤独问题被过度关注，主要源于日本职场的特殊组织结构大量制造了孤独的男性个体。

例如，同期文化。同一批入职的新员工在入职初期共同起步，但到了30多岁，便出现了升职与停滞的人群分化。即使在升职的人群中，也会出现有部下的人和没有部下的人、持续产出成果的人和无法产出成果的人、退休的人和没有退休的人等，同期间的差距也会出现不同层级的微妙关系。

在比赛中被淘汰，进入败者组的人，往往难以承受他人的同情目光。孤独成为一种逃避复杂人际关系的方式，所以中年男性很容易变成不高兴的孤独大叔。以降职或退休为契机被孤立的人也不在少数。

同时，胜者组的人为了证明自己不是失败者，有的会做出贬低同期的言行。他们抱着"哪怕处在胜者组的末尾，也想要依附在他们身边"的愿望，这种令人心碎的心态促使他们做出这样的行为。

辞去职务后,我希望能帮助后辈。但是被分配的都是一个人打理的工作,全部由我一个人完成,和周围的人完全没有接触,如输入数据、安排与相关公司的会议等工作。

即使我希望安排一个年轻人,我的请求也被完全忽视,我被所有人无视了。最让我深受打击的是,最初无视我的'上层'竟是我的同期。

被故意断绝与周围的接触带来的痛苦难以形容,这让我感到自己的存在被抹去了。

家电制造公司工作 春田(化名)55岁

以上内容来自某大型家电厂商的资深员工。这种同期文化带来的霸凌令人非常遗憾,但这也反映了人类的弱点。为了证明自己的价值,同期之间会互相拉扯,处于"上层"的同期,也会心怀害怕阶层滑落至败者组的恐惧心理。

拥有专利却被降职的男人

我一直是技术人员，主要专注于电机设计和开发。我有时在总部工作，有时被派往子公司。根据当时的项目，我不断地在不同的地方工作，也先后被委派为项目负责人。

我获得了多个专利。作为技术人员，必须时刻有危机意识，提升自己的技能，不过，这也说明我做得还不错。

然而，在48岁时，我突然被降职了。就在被降职的半年前，我还成功完成了一个大型项目，获得了专利，并开发了重要产品，这个产品将公司从全球竞争的困境中拯救出来，而我却突然被降职。

这自然让人感到沮丧。我心里想："为什么是我？"周围人的目光也让我难以承受。

大约有半年时间，我都感到很颓废。但颓废也是相当累人的（笑），所以我决定放下包袱，既然没有了牵绊，那就享受当下吧。

然后我意识到："啊，我原来是个局外人。"虽然项目成功了，但我并没有把技能传授给后辈。技术没有转移接续，我在公司也就没有了立足之地。我不参加聚会，也不会带后辈去。这可能让我有些像个孤狼。

最后，我被安排到质量管理部，神奇的是，这段时间反而是我职业生涯中最快乐的时光。我把自己积累的技能知识教给后辈，并支援他们的工作。这不是不服输，而是我感谢公司让我有机会经历这样的事情。

退休后，一位在海外创业的朋友邀请我，于是我在那里工作了大约两年。

出国后，如果不主动沟通，根本没法工作。不过，之前在质量管理部工作期间，我主动与后辈们接触，所以在这里我能够毫不费力地适应。

我深深地觉得，某件事能因我的缘故运转起来是非常有趣的。今后，我打算专注于那些能给他人带来快乐的工作，同时思考其中有趣而多面的部分，不论是否有收入。

个体经营者　石黑（化名）63 岁

负面孤独与正面孤独

上一节内容来自石黑先生，他是一位63岁的男性，曾在大型汽车制造公司工作并于退休后成为个体经营者。对于开发过许多技术并获得认可，建立了社会地位的石黑先生来说，降职是一个使其失去自我存在意义的危机。然而，他成功地与自己进行对话，接受了"我就是如此"的不堪，建立了与他人的关系，找到了基于这些关系的身份认同，从而摆脱了周围目光带来的难以承受的孤独日子。

正如石黑先生的经历所表明的，孤独也是与自己对话的重要时刻。然而，要把负面孤独转变为正面孤独，就需要接受自己缺乏的东西。这个过程被称为"自我接纳"，即清晰地看待自己的优点和缺点，并试图与之共存。

从我的个人感受来看，40岁以上能够实现自我接纳的人通常谦虚且具有较高的"意义感"。他们总能与周围人建立良好的关系，并受到他人的仰慕与喜爱。

心中的上司

许多人无论怎样努力，当过了50岁后，公司对其评价往往会下降，年收入也会逐渐减少。这时候，如果将自己的世界从公司缩小到"半径3米以内"，并改变与身边后辈和同事的关系，随之可能会收获意外的回报。对那些一直在与世界抗争的人来说，这或许难以置信，但来自半径3米内他人的一句"谢谢"，就是最好的奖励。

一个人如果借此经历能够享受没有束缚的自由，就很有可能摆脱中年危机。"因为我的缘故能让某件事运转起来，真是非常有趣"，这种感受，与成长和成熟相连。

我采访过的人中，尤其是40岁以上的，很多人提到"在遇到问题或困难时，会想到上司"。当需要做出重大决策时，人的脑海中会浮现出"如果是年轻时曾关照过我的那个人的话，他会怎么做呢"；当一个人被调到可能被视为降职的职位时，他会久违地收到信息，上面写着鼓励的话："别消沉！加油！"这样的"心中的上司"是存在的。

"无论下属多么崇敬和感激，自己也终将会被遗忘。顶多是在几十年后听到讣告后，出席葬礼。"这样苦笑的人不在少数。然而，下属之所以愿意出席葬礼，是因为他们想对心中的上司表达最后的感谢，想和他道别。许多人或许都羡慕那些被"有话可说的人"送别故人的待遇吧。这虽然不是可以刻意追求的，但我真心希望自己能成为某人"心中的上司"。

嫉妒妻子的丈夫们

中年危机中，重新审视家庭关系也变得十分重要。然而，由于夫妻双方都处于中年，这使得情况非常复杂。男性和女性都意识到生命的有限性，中年危机由此开始，但由于身份认同的方向不同，彼此之间会产生摩擦。

男性通常会通过评估以往的工作业绩和职场地位来重新审视生活方式；而女性则更倾向于重新审视整体的生活方式和存在方式。

女性会不断自问，作为母亲、妻子、女儿和职业人，这样是否足够？什么才算得上是令人满意的人生？特别是那些为了孩子或丈夫放弃自己职业的女性，更强烈地渴望确立自我身份认同感。她们希望突破仅限于家庭的自我，想将自身的经验回馈到更广阔的社会，想参与更多志愿服务等社会活动，想要更广泛地发挥自己的经验和价值，做一个对社会有用的人。

此外，女性比男性对中年危机更敏感，很多人选择重新学习，进修研究生，主动申请工作调动，常常把大叔们喝酒放松的时间投入到自我实现中。

与此同时，女性也面临孩子抚养的问题和父母照护的问题，这使得中年时期家庭生活的比重可能再次提高。然而，如第3章所述，女性在生活的早期阶段就意识到"事业（或人生）掌握在自己手中"，因此她们在转型过程中，将研究生的学习转换为考取资格证，或在再就业时，转身参与非营利组织活动，在方向转换中努力最大限度地发挥自己的潜力。

当丈夫在职场感到被孤立，转而将家庭的优先级提高时，妻子则从家庭转向外部世界寻求立足之地，因此她自然会觉得丈夫很烦人。同时，丈夫会对妻子在外部世界中找到容身之处而感到嫉妒，从而导致夫妻关系紧张。因此，中年夫妻的关系非常微妙。

忍受不了丈夫的妻子们

"卒婚"[⊖]是自由撰稿人杉山由美子在其著作《卒婚的建议》（2004年出版）中创造的一个词。卒婚指的是已婚夫妇在婚姻状态下，各自不干涉对方的生活方式。这种生活形式迅速被社会认可，卒婚的受欢迎程度逐年上升。

根据明治安田生活福利研究所针对1.2万名40~64岁的男女关于"卒婚"开展的专项调查显示，女性中有

⊖ 这个词由"卒"（毕业）和"婚"（结婚）组合而成，意思为"婚姻毕业"。——编者注

70%~80%的人认为卒婚"好"或"比较好"，而男性则为50%~60%。此外，无论男女，随着年龄的增长，认可卒婚的人数也在逐渐增多。

调查中，28.1%的已婚已育女性表示"曾考虑在自己或配偶退休时离婚"，而已婚已育男性这一比例为19.6%。男性考虑退休离婚的理由主要是"感受不到爱（或爱情）"这种颇为诗意的回答，而女性则是"无法忍受退休后一起生活"这种表现出明显的生理拒绝的反应。

对于家庭来说，丈夫可能会觉得"我为家庭付出了这么多，却感受不到爱"而感到困惑，但妻子同样为家庭付出了努力。她们独自一人苦战于家务和育儿，希望丈夫能倾听自己在育儿方面的烦恼，却常常被忽视，也许已不是一两次被孤独折磨。她们在职场上受到"因为是女性"的限制，在家庭中则"因为是母亲"而被施加责任，始终在内心理性地处理痛苦与现实，支撑着家庭。退休时，妻子们也差不多过够了曾经的生活，渴望自由。

然而，她们如果突然提出离婚，又会让孩子们担忧，面对乡下父母的"离婚后墓地怎么办"的质疑，也感到麻烦。她们虽然不想继续目前的状态，但又有些害怕结束这种关系。对于这样的妻子来说，卒婚这种新的夫妻关系正好合适。

对于那些计划在退休后善待妻子的男性来说，这确实是件严峻的事情，但建立家庭中的容身之处与建立职场的容身之处是同等的，甚至前者比后者更加艰巨。

卒婚的绝佳机会

男女双方要主动改变长期以来的关系，必须有某种契机，而"退休"无疑是一个绝佳的机会。

- 妻子无法接受丈夫退休后身份的变化，从知名公司的职员变成无名小公司的普通员工，因此决定离开丈夫。
- 丈夫向妻子倾诉"想回到家乡帮助后辈的事业"，

妻子却冷冷地回应："事到如今我可不想回到乡下生活，想去就自己去！"

- 因为丈夫退休后在家中度过的时间增多，妻子觉得像是被"家庭管理员"监视，最终对丈夫失去了耐心，感到厌烦。

……

在众多为了家庭而放弃自己真正想做之事的妻子群体中，有些人是通过对丈夫的社会地位或孩子的学校等外在属性的执着，来维系自己的身份认同感。人们对损失的反应往往强于对利益的反应，随着年龄的增长，环境变化带来的压力也随之增加，因此，这让妻子更难以接受丈夫"低于现有水平"的属性变化。"卒婚"这个词就会不由自主地浮现在妻子的脑海中。

有些丈夫则感慨："本来打算65岁退休，但退休制度可能要废止了。如果被妻子知道，我就还得继续工作。"夫妻之间的事情只有他们自己才能理解，但希望他们能够意识到身份认同的性别差异，并妥善处理彼此的关系。

"卒妻"的宣言与丈夫的自卑感

虽然许多人可能不会公开提出"卒婚"，但确实有许多人下定决心成为"卒妻"。她们通过"你至少应该学会做自己的饭！""至少洗个衣服！""自己的事情要自己做！"等话语来督促丈夫自立，同时也能从主妇角色中退休。这样说可能有些直白，但随着丈夫收入的减少，她们希望自己的负担也能减轻。

丈夫虽然能敏锐地感受到来自妻子的压力，但仅仅想象在超市与其他主妇一起采买、晾衣服的自己，或者因用微波炉热鸡蛋而引起爆炸的自己，就会感到一种无能为力的自卑感。于是，就出现了令人头疼的事，他们要么摆出一种高高在上的姿态，要么在家庭中以管理者的角色自居，表现出"我还在这里！"的言行升级行为，最终导致他们走上卒婚或离婚的道路。

"锡纸烤蘑菇"的幸福

我在退休后延长了雇佣合同，回家的时间变早了。双职工家庭的妻子提议分担家务。而我一直是个只会工作的男人，家务活儿什么的都不会做。不过，这也没办法，于是我决定去参加烹饪培训班。

结果发现，班上的人都是差不多的状况，真有趣。有的人甚至在烹饪中找到了乐趣，买了属于自己的刀具。培训老师也是年轻的女性，所以上课很愉快。

周二和周四由我负责晚餐。

昨天，我做了鲑鱼、锡纸烤蘑菇和煎茄子。

听到妻子说"好吃"，我感到很开心。

IT相关企业员工　山中（化名）62岁

山中在退休的次日依然像以前一样上班，但工作减少，闲坐着的时间增多。每次采访的最后，我都会问"对你来说，工作是什么"，他是这样回答的。

山中说："工作是给像我这样只会工作的工作狂一个容身之处。工作不仅仅要有趣，还得尽心尽力地去做。

有时候过于尽心也会带来麻烦……"

他在工作中加入了额外的价值，同时也推动了他空闲时间的"半径3米的世界"。他在以工作为中心的生活中添加了家庭之球。

男性特质极高的日本社会

根据荷兰社会心理学家赫尔特·霍夫斯泰德博士（Dr. Geert Hofstede）半个世纪的研究发现，日本是世界上"男性特质"极高的国家，甚至比美国、英国、中国、墨西哥和德国等男性特质倾向明显的国家还要高。下面是"男性特质"强烈的社会的特征。

- 理想的社会是全职主妇社会
- 社会上，强者和杰出者会得到支持
- 为了工作而活，工作是生活的重要组成部分
- 女孩可以哭，但男孩不可以哭

深深植根于日本社会的男性特质使得家庭中丈夫改

变价值观变得困难。

丈夫原本应该在妻子提议之前，比如以职务退休为契机，转向更重视家庭的工作方式，这就可以了，但由于男性特质的阻碍，很多人反而更依赖工作。

然而，如果像山中先生那样实际行动的话，会发现有志同道合的人。丈夫如果能够动摇"半径3米内的世界"，就能从男性特质中解放出来，从"工作狂"这个词跳脱到一个原本无法想象的世界。

幸福存在于日常生活中，夫妻双方若能意识到这一点，夫妻关系的重建也会水到渠成。

站在女儿的立场，我想说的是，希望父亲至少应该会给自己做饭，这是每个人都应具备的技能。我的父亲是"君子远庖厨"的一代，我不知担心多少次如果母亲先走了会怎样。从结果上看，我是杞人忧天了，但我希望即使是为了孩子们，父亲也要勇敢迈入未知的世界。

决定健康的力量

在这里，请想象人类的健康（身体的、心理的、社会的）像一条轨道，两端分别是"健康"和"崩溃"（见图2）。

朝着崩溃方向拉扯的是负面力量，这就是俗称的压力，包括长时间工作、过高的业绩目标、紧张的人际关系，以及孤独感等主观情绪，这些都是负面力量。当长期受到压力影响时，人的身心会逐渐受到侵蚀，出现胃溃疡、高血压、头痛、失眠和焦虑等症状。在最坏的情况下，可能导致抑郁症、过劳自杀和过劳死等崩溃的现象。

然而，"振作的力量"是朝向健康的正面力量。当人被振作的力量吸引时，身心会变得健康，生活会更加丰富。在职场中，裁量权、良好的人际关系、兴趣爱好和休息都是振作的力量。此外，意义感也是振作的力量。

也就是说，一个人即使身处孤独感的境地，只要有足够的振作力量，就能活得生机勃勃、健康快乐。

健康状态

健康要素
正面力量＝振作的力量

危险要素
负面力量＝压力

健康
生机勃勃
幸福感
人生满足感

崩溃
抑郁症
过劳自杀
过劳死

图 2　健康生成论

我们的肉体并不是永恒的，因此工作时间延长后，或多或少都会出现某种健康问题。然而，无论患上何种疾病，只要有振作的力量，人就能一边感到人生的快乐一边生活。相反，哪怕保持良好的身体健康，如果缺乏振作的力量，内心也会痛苦，煎熬地度过一生。

纳粹集中营幸存者的启示

这种思维方式被称为"健康生成论"，它源于安东诺夫斯基博士对从纳粹集中营幸存者进行的健康调查研究。

在纳粹集中营中，人们被剥夺财产，与家人分离，受到非人般的对待，他们没有足够的食物，并在极寒环境中被迫进行艰苦的体力劳动，这都是充满负面力量的难以忍受的环境。

安东诺夫斯基博士在进行健康调查时，提出假设说"经历过这种事情的人不可能保持理智"。实际上，参与调查的人中有许多人在精神上受到了创伤，无法适应社会。

然而，其中竟有29%的人保持着"健康"，约占整体的3成。更令人惊讶的是，他们对安东诺夫斯基博士表示："集中营的经历对我的人生是必要的，是有意义的经历。"

为什么，他们能够保持振作？

为什么，他们能够说出残酷经历也有意义的话？

难道，人类具备抵御压力的力量？或许，人类能将困难转化为动力？

抱着这些想法，为了解开这些"健康之谜"，安东诺夫斯基博士花了10年时间反复进行采访。他最终得出了"健康生成论"这一概念。

那些保持健康的人拥有"振作的力量"，即使在集中营这样的残酷环境中，他们依然能依靠之前生活中获得的振作力量坚持下去。在这个黑暗的集中营世界中，他们努力寻找光明。

有的人说："我参加了地下组织，学习使用武器以保持理智清醒。"有的人说："与我并肩作战的伙伴支撑了我。"还有的人说："我为了再次见到家人而坚持忍耐。"也有人提到："监视士兵偷偷给了我一片面包。"这些人通过发现折磨自己的敌人展现出的温柔而坚持下来。

安东诺夫斯基博士认为，健康与崩溃并不是硬币的正反面，健康与崩溃是连续存在的，真正的健康离不开"振作的力量"，因此他提出了"健康生成论"。

让孤独的人振作起来的力量

振作的力量可以分为环境赋予个人的外在力量（即外部资源）和内在力量（即内部资源）。

外在力量包括以下社会资源和物质资源：

- 较高的社会评价（如收入、学历、职位等）
- 可以自由决策的权利（即裁量权）
- 调动他人的权利（即权力）
- 展现能力的机会

- 支持自己的人

- 值得信赖的人

- 家人

- 金钱和房子

- 爱好

- 衣物和饮食

内在力量包括：

- 自我管理能力（能够自我决定行为和思维的感觉）

- 自我接纳（与自己共存的感觉）

- 人生目标（清晰地知道想过怎样的生活）

- 环境控制（应对任何环境的信心）

- 积极的人际关系（建立温暖和可靠的人际关系的信心）

- 意志力（人生的价值观）

- 人格成长（相信自己的潜能）

除了这些以外，遗传体质和气质也属于内在力量。

无论是雇佣延长还是再就业，当长期工作后的"退休"时刻到来时，人难免会感到孤独。这种中年危机本身就意味着进入了失落期，因此孤独与其有着密切的关系。

然而，即使在这样的情况下，人只要有振作的力量，就不会有大问题。如果人能够找到并努力提升振作的力量，孤独就会变成面对自我的重要时光，不必担心因孤独而导致的崩溃。

特别是积极的人际关系，这让人有值得信赖的人，从而保持信心，这种无与伦比的内在力量也有助于增强人的其他力量，成为开启富足人生的大门的动力。

成事在人

无论拥有多少金钱和名誉，一个人如果没有值得信赖的人和由此产生的信心，那么其人生就是孤独的。即使外在力量再丰富，如果半径3米内的人际关系破裂的话，这个人也无法获得幸福。

我自己在多部著作中提到的全球著名的格兰特研究，得出了一个极其简单的结论："让人幸福和健康的，是温暖的人际关系。"

哈佛医学院的研究者们从1938年开始，超过75年持续追踪两个群体的身心健康，发现"与家人、朋友、同事和兴趣相投的人保持稳定关系的人"通常健康且长寿，经济上也比较成功，而"与身边的人保持良好关系的人"生活满意度较高，"在关键时刻有可靠的人"则有较高的幸福感，大脑很有活力，精神状态良好，记忆力也能保持清晰。

"孤独与周围的人无关，它只是自己建立的壁垒。孤独感是由自己定义的。"

曾有一位朋友，因自我中心主义的管理方式而受到部下反感，被公司解雇了，他告诉我这样的话。他经历了一年的隐居生活，现在利用自己的经验，在一家小公司中致力于培养后辈的事业。

他摆脱孤独的契机，正是因为一个朋友偶然给他打了个电话。

我们内心深处天生就具备信任他人和建立人际关系的本能。

在男性特质强烈的日本社会中，许多男性不愿展示自己的弱点。然而，无论是寻求帮助，还是纠缠他人，无论如何，请不要独自坚强。希望你拥有借伞的勇气，有时，也请你自己成为他人的伞。

当不再能干后才意识到的事

一天晚上，我像往常一样喝酒并吃了拉面，然后深夜回家。第二天，我被救护车送去抢救，那时我55岁。

当时，我因为人际关系和工作评价而感到压力，过着暴饮暴食和睡眠不足的生活。现在回想起来，这并不算什么，但当时我却非常苦恼。我觉得是由于被年轻的同事一个个超越，这对我造成了比想象中更大的压力。

我因住院和在家疗养休息了三个月。虽然在工作上给周围带来了麻烦，但这些问题最终还是解决了。然而，医生告诉我"如果当时稍有差错就没救了"，这让我意识到自己的"自我"，即身体和生命，其实是一种在物理层面上十分有限的资源，我开始觉得，如果不珍惜地使用自己有限的生命，就太可惜了。

　　我重新审视自己喜欢的事和未来需要做的事，同时，强烈感到需要学习新知识的焦虑。我的孩子们还在上大学，我也对今后他们是否能过上普通的生活而感到不安。

　　同时，我对自己在发病之前没有顾及家人而感到深深地自责，并对他们充满了感激。

　　病倒后，我意识到自己内心深处的精英意识。我曾以一种傲慢的二元观念"能干的人，不能干的人"来区分工作上的人，一直觉得自己是"能干的人"。然而，当工作、生活和身体都变得脆弱和不堪一击时，眼前的景象就变得不同了。比如，楼梯旁有扶手会让我产生感激之情，公共设施中那些无法通行的轮椅通道设计也引起了我的注意。

我花了很长时间接受自己变成"不能干的人"，可总是忍不住与过去"能干的自己"对比，感到烦恼和挣扎。

但我为了健康而开始跑马拉松，渐渐我能够跑起来，并为此树立了目标。我感觉到即使自己一无是处，也可以逐渐成长。我觉得我终于能够面对那个无能的自己了。

大型媒体工作　吉田（化名）58岁

悲哀的是，人们往往在失去理所当然的东西后才意识到其重要性，接受真实的自己其实也相当困难。然而，人生就像是攀爬螺旋楼梯，如果能以自己的节奏持续平衡"家庭""工作""健康"这三只球，人就能看清"自己该做的事"，也会遇到一个与过去稍微不同、更加柔韧的自己。

第 5 章

创造生活的意义

自我实现的幻想

当如今50多岁的人还是新员工时，公司曾是他们自我实现的舞台。他们以公司倡导的"你能24小时全天候工作吗？"为口号，拼命工作，在工作之余也尽情享乐。公司财力雄厚，打车费、餐饮费都可以作为交际费用报销。他们就算在工作中挑战新的或有趣的事物时，背后也有公司作为坚强的后盾。

在那些只等待退休的"边缘人"老员工和那些整天无所事事的磨洋工同事面前，这群曾经心怀斗志的50多岁的人怀着毫无根据的自信，迈着大步走在前方，心想："我还能继续成长，能赚得更多，能获得属于自己的人生。"

然而，现在他们才意识到，这只不过是时代赋予他们的一场短暂梦幻。

我的一位朋友曾被她的祖母训斥过："你别总想着在公司里实现自我。公司可不是为你存在的！你只是一个为公司工作领工资的人而已。"那时正处于从"公司人"（即传统时代）向"与公司保持距离"的数字时代转变的过渡期，那些被"自我实现"幻想冲昏头脑的50多岁的人，浑身已经充满了泡沫经济的毒素，完全没有料想到会迎来今天的局面。正因如此，他们才会被下一代人批判"没有面对现实"。

到了50岁以后啊，我总想着尽量不去引人注意。而年轻的时候，我总想着如何让别人知道我的存在。可最近，我却悄悄地隐藏起自己。

商社职员　青木（化名）55岁

说这话的是55岁的青木，他刚经历了职务退休。他反复强调，想继续留在组织里的最高法则就是"绝对不要引人注意"。

这种心情我理解。不过遗憾的是，那个可以隐身躲避的时代早已过去。也许正因为青木知道这一点，他不能容忍那个"隐身"的自己，才会在别人指出之前，率先自嘲。

无论如何，那些被外界嘲讽为抱着公司不放的50多岁员工，据我所知，其实都挺努力的。作为最后一代深受年功序列制度影响的人，他们对后辈仍怀有一丝关照之情，即便彼此有些小小的摩擦。

盲目乐观的危险

许多50多岁的人，心中充满了对自己平庸的羞耻感和对过去成就的自豪感，这两种情绪复杂交织，使他们无法下定决心改变。他们想要打破现状，不甘心就这样结束一切，却又为找不到具体的解决办法而苦恼不已。

虽然如此，他们心中仍然抱有一种坚定的信念，那就是"总会有办法的"这种乐观态度。

相比于经历艰难时期、对社会不抱任何期望、拼命求生的"冰河期一代"[⊖]，50多岁的人拥有一种盲目的乐观。这种乐观削弱了他们这一代人的真正的力量。

如今，一些公司可能不再像过去那样提供全面的个人支持。或许是时候抛弃那种根深蒂固、与生俱来的"总会有办法"的盲目乐观了，应正视现实。只有接受现状，改变才会发生，成熟也会随之而来。面对严峻的现实，可能会像血液飞溅的伤口一样痛苦，但人类天生具有将这些痛苦转化为成长的自愈能力。

50多岁的人肩负着为后辈树立榜样的责任，展示出一种值得效仿的生活和工作方式。怀着这种期待，现在正是按下"自我实现"按钮的时候。而这个按钮，不是他人，只有你自己能够按下。

⊖ 指日本1990—2000年的毕业生，他们在日本经济泡沫破裂时期进入社会，就业困难。——编者注

圣诞节出现大量死亡情况的原因

经历过集中营的奥地利精神科医生兼心理学家维克多·E.弗兰克尔（Viktor E. Frankl）博士曾说过："要让人生充满意义，就需要具体地行动。通过自己的行动，一个人才可以过上更有意义、更富有内涵的人生。"

谁也无法预知未来，因此每次都要实际地去行动。自由选择自己能做的、想做的事情，并付诸实践。弗兰克尔博士始终坚持认为，这种做法最终会赋予人生意义。

本书中多次提及的安东诺夫斯基博士，与弗兰克尔一样，都生活在犹太社会环境中，且安东诺夫斯基的理论深受弗兰克尔影响。在弗兰克尔的全球畅销书《活出生命的意义》（*Man's Search for Meaning*）里，诸多理念都能在安东诺夫斯基的理论中找到呼应。尤其是安东诺夫斯基的健康生成论及其核心概念首尾一贯感（Sense of Coherence，简称SOC），这些理论的构建，都有着弗兰克尔思想的影子。

安东诺夫斯基博士和弗兰克尔博士有一个共同的观

点，那就是都认为"真正积极的情感是在最低谷的情感中酝酿出来的。"他们都重视那种存在于每个人身上的坚韧不拔的精神，认为人生难免会遇到痛苦，但我们仍要积极面对生活，并关注个体与环境的关系。

1944年圣诞节和1945年新年之间，集中营内出现了史无前例的大规模死亡。医生们认为，这并非是由严酷的劳动条件、恶化的营养状态、恶劣的天气或新出现的传染病引起的。相反，这一大规模死亡的原因是，许多囚犯曾抱有"圣诞节时战争将结束，他们可以回家"这样无根据的希望。

这是《活出生命的意义》中关于盲目乐观的危险的一段描述。

为了逃避集中营生活的痛苦，"囚犯们"寄希望于"圣诞节战争会结束，自己能回到家中"这一盲目乐观中。然而，随着圣诞节的临近，集中营的状况并没有任何改善，这让他们倍感失望和沮丧。逃避现实的苦苦挣扎最终剥夺了他们生存的力量。

思考的哥白尼式转变

弗兰克尔说："对囚犯进行任何心理治疗或精神关怀时，最应遵循的口号或许就是尼采所说的'知道为什么而活的人，几乎能忍受任何一种生活方式'。"

人们所拥有的力量和克服困难的韧性，是通过每一天的认真生活来维持的。无论生活多么艰难和不合理，直面这些困境将成为生活的能量。相反，倚赖安慰或盲目的乐观，只会耗尽一个人内在的能量。外部的希望虽然能带来短暂的鼓励，但其内心却充满看不见的雾，消磨生存的力量。

弗兰克尔还借鉴康德思考的"哥白尼式转变"，留下了颇具启发性的名言。

"人生不是在期待某些东西，而是人生在期待你。"

生活每时每刻都在期待你，因此要以正确的行动回应这种期待。他论述了每个人内心都蕴含着这种坚韧不拔的力量。

人生职业彩虹：对无限可能性的探索

试着将"人生"替换成"职业"来思考。但是，职业不等于工作。在这里，职业指的是从出生到死亡，在家庭和社会中积累的各种角色经验。

人生的第一个职业是"孩子"。一个人从母亲体内出生的那一刻起，就意味着作为"公民""儿子"或"女儿"等职业的开始；随后，人又有了"学生"等职业；几年后，"职场人""母亲""父亲"这些"职业"也会出现；同时可能还会增加"志愿者"和"休闲人"的职业；直到最终迎来"老人"的职业（见图3）。

在人生的不同年龄和场合中，人扮演的各种角色就是职业。在每一个阶段，我们应该思考"职业对我有何期待"，并坚持自己认为重要的事情，付诸行动。这样一来，就会创造出属于自己的"职业彩虹"。

谈点个人的经历，我在读研究生的第一个夏天，第一次接触到美国教育学家唐纳德·E.苏珀（Donald E. Super）提出的"生命职业彩虹"理论。当时，我为了

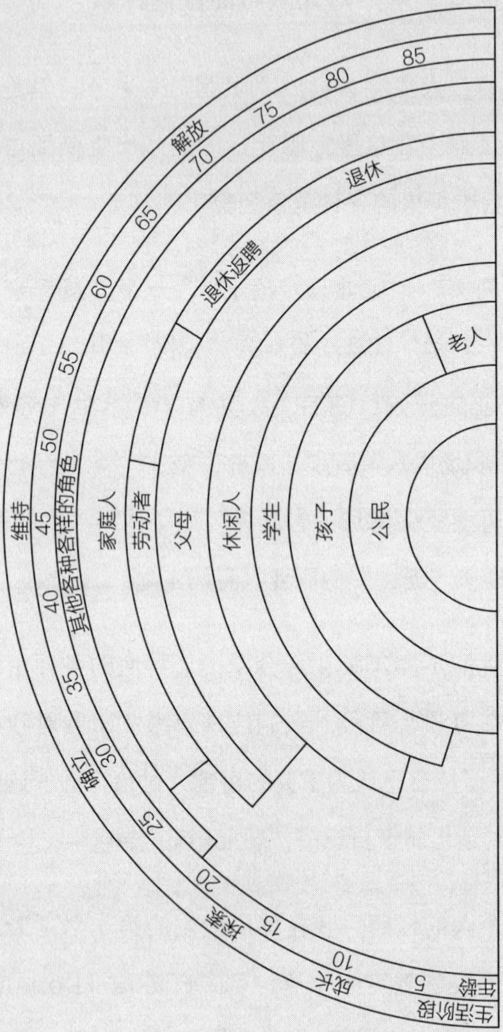

图 3　人生职业·彩虹图

上自己梦想的学校拼命备考，但入学后却常常感到不安："我这样拼命努力，真的有意义吗？我现在做的事情，真的能和未来的工作相关联吗？"

对当时的我来说，"生命职业彩虹"简直是救星。"职业是由人生各个年龄和场景中各种角色的组合而成"这个观点让我豁然开朗，仿佛包裹内心的鳞片从心中掉落，心情也变得轻松了。

原来现在作为"学生"，只要努力完成眼前的事情就好了。有时候可以暂时放下"学生"的角色，专注于家务；有时候为心爱的人做饭，扮演"伴侣"的角色；有时候也可参与志愿活动，像七彩的彩虹一样，用各种颜色来装点自己的人生。对，没错！因为一切都是职业。只要认真做好自己现在能做的事情，未来作为"职场人"的职业生涯也会因此受益。

我开始这样想后，回想起当初决定放下工作去读研究生时的决心，于是决定无论受到怎样的质疑，都不会动摇我要成为一名研究者的决心。

如果职业如同彩虹，那么人生就不仅仅只有公司。"我"的可能性是无限的。无论多大年纪，都可以成为学生，可以挑战任何工作。年龄再也不会限制我的可能性。

在每个阶段，只要专注于当下应该做的职业或想做的事情就可以了。通过这种方式，总有一天你会平静地赞美自己："我的人生还挺有意思的。"

"人生即职业，充满了机会，所以要负起责任地好好生活！"带着这样的激励和鞭策，弗兰克尔提出了哥白尼式的转变。我是这样理解的。

帮助他人的囚犯

弗兰克尔提到了一个"回应人生期待的例子"，是一个男性囚犯的故事。

一个被判无期徒刑的男子在被船运送到囚犯岛时发生了火灾。他参与了救援工作，救了十余人的生命，因此获得了赦免。在绝望的边缘，这名男子实现了每个人心底都渴望的"被需要、为社会做贡献"的愿望，正义的行为让他的人生闪耀了光芒。

没人知道明天会发生什么。在"半径3米的世界"里，每个人都有无法替代的使命。与其无端地悲观未来或盲目乐观，不如具体行动，成为独一无二的存在。如果每个时刻都全力以赴，一个人的职业彩虹将愈发璀璨。

巧合的是，正当我写这篇稿子时，传来医生中村哲在阿富汗遭枪击身亡的新闻。中村医生为荒芜的土地带来了绿意，为阿富汗人民的生活带来了希望，他生前曾呼吁："与其修建100所诊所，不如修建1条水渠"。

经常有人问我："你为什么在这片土地上工作了20年？动力是什么？"如果我说是"人道主义"显得有些矫情，而说是"爱好"又显得过于自私，我也并没有坚定的信念或宗教信仰。

......

但我若不这样做，眼前的患者和饱受干旱之苦的人们会如何呢？面对这样的现实，我无论如何都无法离开。当然，如果我完全无能为力，那另当别论，但只要我多少还有一些能力，即使就像拧快干了的毛巾一般，我也会尽力而为。时间就这样匆匆流逝，真相是，我并非依靠自身的强大，而是靠自身的软弱，才能促进当地项目的持续扩展。

摘自相关报道

伟大的中村医生同样珍视"半径3米的世界"，并付诸行动。虽然并不是每个人都能成为像中村医生那样的人，但在人生中，谁都可以学习这种持续而真诚的工作态度。

超级志愿者的坚持

还记得备受瞩目的"超级志愿者"尾畠春夫吗？

他因在2018年8月成功救出了在山口县失踪的2岁男孩，而备受瞩目。在150人搜寻了3天后仍未找到男孩的情况下，尾畠仅用30分钟就将他抱回。他谦逊地表示：

"这都是我将之前的经验和直觉偶然结合在一起的结果。"他的话和真诚的笑容吸引了众多人。

这次奇迹般的救援让尾畠成了时代人物。然而，无论外界多么吹捧他，他始终我行我素。当"超级志愿者"成为热门流行语时，他笑着说："我既不是超市[⊖]，也不是便利店。"当年年底，他还提到："如果没有'超级志愿者'，这一年将会是极好的。"他始终坚守自己的价值观。

尾畠幼年时曾在农家当学徒，28岁时开了一家海鲜店。他说："因为我没有学历，所以我要比别人多工作五年。"65岁时，他关了店，并开始挑战他一直梦想的纵贯日本的徒步之旅。2011年3月的东日本大地震使他意识到："我曾受到很多人的帮助，现在我该回馈社会了。"于是，他开始了志愿者工作，而男孩的救援正是这一旅程的延续。

每当媒体采访他时，他反复强调："只要有能生活的钱就足够了。我只是在做我认为正确的事，这不过是理所

　　⊖　超级志愿者中的"超级"日语中有"超市"之意。——译者注

当然的。"对尾畠而言，志愿者工作是"必须做的事"，支撑他一贯生活方式的正是内在的力量之一——"意志力"。

按自己的价值判断生活

意志力有多种解读，但在这里，意志力是指"我想成为什么样的人"这样的职业和人生价值观。

强大的意志力能够塑造出强大的自我。所谓"强大的自我"，即与"我拥有的"或"我没有的"中的"我"相同的概念（参照本书图1）。

拥有强大自我的人，不仅能够区分"自我"与"他者"，还能在适当的时候承认自己的弱点，借助他人的力量，不断完善自己的不足之处，走向成熟。

意志力越坚定，个人应该做的事情和必须做的事情就越具体，行动的欲望也随之增强。久而久之，一个人会逐渐产生并增强一种温和的自信：只要认真履行所处角色的职责，就能找到自己的位置和存在的意义。

步入中年后，环境的急剧变化和意想不到的失落感常常让人感到焦虑。此时，强大的意志力能让人不被社会的价值判断所左右，成为人生的指南针，使人能够做出赋予生活意义和一致性的选择。

毫无例外，每个人都拥有意志力，但当在随波逐流时，其轮廓可能会变得模糊。相反，当面临重大决策时，"理想自我的形象"则可能会变得清晰。此外，专心于眼前的工作，也可能帮助人们觉察到自己的意志力。

换句话说，意志力本质上是自我认知的一种体现，人们正是通过对自身的不断了解过程中，才使意志力得以具体展现。

例如，写自传有助于提升自我认知，若一个人不愿写自传，单纯列出"生辰年月、公司/所属/职务、工作内容、人际关系"等信息也能有所帮助。此外，描绘从出生到现在的生活节奏也是一种提升自我认知的方法。我们可以以年龄为横轴，以内心状态为纵轴绘制曲线，整理出最低和最高时刻的具体经历（参考图4）。

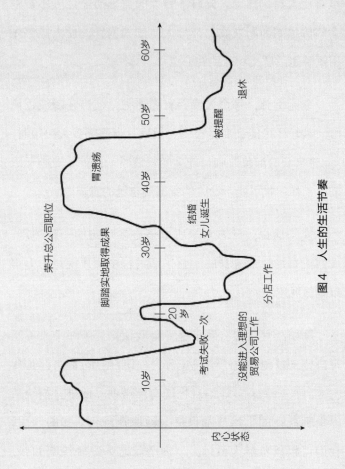

荣升总公司职位

脚踏实地取得成果

胃溃疡

考试失败一次

结婚
女儿诞生

被提醒

退休

没能进入理想的
贸易公司工作

分店工作

10岁　20岁　30岁　40岁　50岁　60岁

内心状态

图 4　人生的生活节奏

在夜雾中飞行的飞行员

弗兰克尔的著作《活出生命的意义》广为人知。据说，在夜雾中执行仪表飞行的飞行员，唯一的指引便是从目的地机场传来的莫尔斯信号。受地形、气候等因素影响，信号能够被接收到的区域会发生微妙变化。所以，飞行员必须持续调整飞行高度和方向，凭借细微精准的操作，才能安全着陆。

在中年危机悄然降临，开启这场仿若无航海图指引的航行 —— 即身份认同感亟待重建的征程中，想必也会有类似莫尔斯信号般的指引，从我们内心所向往的目的地传来。如今，我们所生活的世界，过往那些曾经行之有效的成功模式，如今几乎全然失去效用。这是一个前所未有的时代，我们正迈向一个全世界都未曾经历过的长寿社会。

在此情形下，我们应当珍视自己独一无二的人生故事，无论是面临抉择向左或是向右时，抑或是在人生轨迹上选择高飞还是低飞，都依据自身的价值判断，一步一个脚印地付诸具体行动。如此这般，我们终将能够探寻到生活的意义，收获属于自己的幸福。

自由地做出选择并付诸行动吧。因为，这不是别人的，这正是属于你自己的生活职业彩虹。

能预防肥胖的人际连接

意义感、意志力和身份认同是让人在漫长的人生按照自己意愿生活的核心。这些要素都建立在"人与人之间的连接"这一基础之上，见图5。

美国北卡罗来纳大学教堂山校区的社会学研究小组将人的连接分为"广度"和"质量"，并进行分析，得出了有趣的结论。

"广度"指的是能否建立家人、亲戚、朋友、社区活动、志愿者活动、参加教会等多样的人际关系网（对应"社会孤立"）；而"质量"则涉及"是否处于相互支持的关系""是否相互了解""是否能够表达真实的想法"等

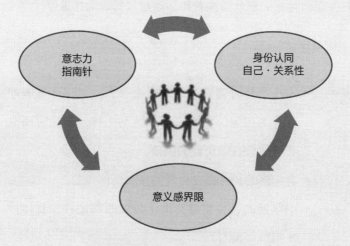

图5　意义感、意志力和身份认同是人生的核心

心灵距离较近的社会支持。

研究小组将这些因素量化，并利用对近2万名不同年龄层（青年、中年、老年）研究对象的纵向数据，分析其与健康之间的因果关系。最终得出了结论：人的人际关系对健康的影响与饮食和运动对其影响同样重要。

具体来说：

- 人在年轻时建立广泛的社会关系，可以降低腹部肥胖的风险。相反，与不运动一样，被社会孤立会增加CRP[⊖]炎症的风险。
- 老年期的社会孤立会提高高血压的风险。
- 中年期的社会支持有助于降低腹部肥胖和身体质量指数（BMI）。
- 中年期没有社会支持的人，CRP引起的炎症风险更高。

⊖ CRP是C-reactive protein（C反应蛋白）的缩写，它是一种由肝脏产生的蛋白质，通常在体内发生炎症或感染时水平升高。CRP是炎症的生物标志物，用于反映体内的慢性低度炎症程度。与之相关的健康风险包括腹部肥胖及其他慢性病。——编者注

换句话说，"人在年轻时可以四处交际，扩大人际网络，但到了中年，能够畅所欲言的朋友变得格外重要，和健康饮食与运动同样关键。我们要为退休后做好准备，拥有广泛的社区联系和志愿活动会更有利于健康"。只要有松散的联系即可，朋友的数量也并不需要太多。

丰富人生的松散连接

对于那些在人群同质性很高的公司环境中耗费大量时间的员工来说，与公司外各种人群的交流将成为人生的重要财富。

到目前为止，根据采访，我发现，那些对再就业感到满意的人无一例外都有"毫无用处的松散人脉"：有的人是在报考资格证时所上的专业学校结识的；有的人是在社区活动中建立的联系；还有的人则是在志愿活动中结识的；有些人是在年龄、公司和性别各异的多样性社区结识的；有的人诉说着自己是多么幸运能够认识彼此；有的人笑着说在那儿自己就是个新手；还有的人因多年后听到别人的"谢谢"而露出了微笑……

追根溯源，我们唯有借助他人，才能更好地认识自身。在相同职场文化这一"盐"（详见第2章）的长期浸润下，人们彼此之间的了解相对深入。然而，当我们与年龄、职业等方面呈现多样性的人群建立联系时，"不了解"反而成了彼此交往的基础。但恰恰是这种初始的不了解，为我们带来全新的价值观与信息，使我们得以从全新视角审视自己所处的立场，进而拓展自己的认知边界，让我们的世界变得更加广阔。

于是，在松散的连接中，人只要有能说真心话的片刻，就能感到一丝安慰。

即使在孤独的退休生活中，人只要每周有一次这样的机会，就能拥有笑着说"虽然寂寞，但也有快乐"的日常生活。

重回同学会

50岁过后，我们开始有定期的高中同学会。最开始我也参加过几次，但觉得没什么意思，所以就渐渐远离了。

然而，前几天，一位经常出席同学会的同学联系我，说"偶尔来一下吧"，于是我时隔8年又参加同学会了。久违的见面，大家都到了退休年龄，还都延长了雇佣期。

缺席的同学中，有人正在与癌症斗争，有人因为妻子身体不适没来，还有人因为要照护父母回了老家。60岁后，很多事情发生都会发生。

不过，这些变化是每个人都会经历的，因此，了解同学们的动态，对未来的准备是有意义的。在与大家交谈的过程中，我有时也感到"啊，原来不止我会如此啊"，这让我松了一口气。

在60岁之前，我们常常会关注对方在公司里的表现，比如在什么公司工作、能否成为高管等，但60岁以后，无论是在大企业升职的，还是在小公司工作的，大家都处于同一起跑线。虽然有些人依旧很厉害，但健康和家庭问题是所有人共同关心的问题。

或许是年纪的原因，我自己也惊讶于这些问题在我心中占据了如此重要的位置。这种时候，我们既不是同一家公司的同事，也不是住得很近的邻居。有这些能够毫无顾忌地聊这类事情的同窗在，真的很珍贵。

男性往往不太谈论个人的事情，我虽然没有积极到每次都出席同学会，但打算偶尔参加，以免被大家认为"反正他不会来了"，而使得联系断绝。

制造业工作　松下（化名）64 岁

退休后，大家都是普通人

即便进入了优秀企业，走上了升迁之路，成为大公司的高管，一旦退休，一个人也只能成为"普通人"。虽然大家的职务晋升、成就、过程和经验、看到的景色各不相同，但到了退休时，所有人都将成为"普通人"。即使身边有人获得了令人羡慕的再就业机会，但大多数人都会因为接连而来的意外感到失落，不断增加的忧虑感到疲惫和孤独。

在这样的时刻，真切地感受到在这世上还有与自己面临同样问题的人，这种经历带来的慰藉无可比拟。那些平日里因种种顾虑而不敢向他人倾诉的脆弱，在这里都能得到抚慰。虽说大家对同学会的看法各不相同，有人热衷，有人无感，但那些熟知"曾经未能有所成就的自己"的老同学，无疑是极为重要的存在。对我而言，自己步入 50 岁后，直面父母日渐衰老这一现实所带来的沉重压力时，常因同学们那句"你也一样啊，咱们都不容易"，而在内心深处获得救赎。

人在 60 岁之前还有宽裕的时间，但我相信，当我真正达到那个年龄时，会更加真实地理解自己和家人的健康问题带来的困扰，以及拥有可以倾诉这些问题的伙伴的价值。

根据日本内阁府所开展的针对 60 岁以上男女的"关

于老年人日常生活的意识调查"结果显示，在60~64岁这个年龄段的人群当中，高达70.9%的人把"自己或配偶的健康与疾病"视为日常生活里最为忧心的事项。而在65~69岁的人群中，这一比例也达到了71.1%。紧随其后的是对"自己或配偶变得失去行动能力、需要护理"的担忧，在60~64岁的人群里，有61.8%的人有此顾虑；在65~69岁的人群中，抱有同样担忧的比例为62.1%。

我朋友的母亲在70岁过后决定"只要被邀请就不拒绝"。我想她的真正用意，只有在她70岁时才能真正理解。

不会说英语的50多岁的人

一次我久违地和儿子喝酒，他对50多岁的人抱怨个不停，说他们不会好好使用Excel，沟通能力差，到了要退休的年龄还赖在公司，真不知道这些人的存在到底有什么意义。最后他还说，公司把老员工调任过来会给大家带来麻烦，希望公司赶紧解雇他们，把省下的工资提薪给自己。

老员工的用工方式在我们公司也是个难题，所以我能理解儿子的观点。但当我看到一个30多岁的年轻人，把老员工当成混工资的废物一样批评时，我真的火了。

我忍不住反驳道："老员工有年轻人没有的能力。"

结果他又反击说："他们不是在现场搞乱，就是装傻，50岁以上的人到底有什么能力？他们的人际关系本来就太狭窄，因为只在公司里交朋友，所以视野也狭隘。"

我告诉他，公司不会傻到对那些毫无价值的人放任不管。你猜他这次说了什么？

他说："现在的50多岁的人，很多人当初进大企业时连英语都不会，他们被宠坏了。"

我感觉这话简直就是在说我自己，心里非常难受。在公司里，我也一直对50岁以上的员工说，不要只求安逸，但没想到年轻员工的偏见竟然这么严重。

实际上，50岁以上的员工究竟是什么样的呢？我没能说服儿子，心里也很懊悔。

本城（化名）60岁

日本的未来属于50多岁的人吗

上市公司社长本城先生，平日里在公司致力于激发老员工的活力。想象一下他和儿子争论时那纠结挣扎的模样，实在是让人忍俊不禁。然而，单从他们的对话内容来判断，儿子在这场争论中明显占据了上风。

"50岁以上的人社交圈子本就太过狭窄""50多岁的人被惯坏了"，这些都是年轻一代指责那些工作表现不佳的中年人的常用说辞。经历过艰难求职阶段的年轻人，看到中年人因所处时代背景的优势进入优质公司，拿着比自己更高的薪资，心里自然会滋生出不满情绪。而对饮酒聚会文化以及长时间工作文化所秉持的价值观的反感，更是加剧了这种不满。

无论怎样，工作所涵盖的范畴，远不止那些直观可见的事务。老员工身上具备一种力量，恰恰是对 50 多岁群体冷眼相看的年轻人们所欠缺的，那便是依托长期实践、经由身体力行积累沉淀下来的"隐性知识"。

人类所获得的知识大致可以分为两类：第一类是通过视觉或听觉获取的知识，称为"信息知识"；第二类是通过自身感官实际体验获得的"经验知识"。

信息知识是指通过广播、电视、报纸、社交网络等媒介或他人传递的信息所获得的知识。相比生活在信息过载的社会中的年轻一代，老一代在信息知识上无法与之竞争。年轻人的信息网络资源极其丰富，总是不断更新，其中不乏"斜杠"年轻人。

经验知识则是指在音调识别、面孔辨认、味道区别等"无法用语言表达的知识"中积累的知识。例如，学习骑自行车时获得的感觉也是一种经验知识。

在这类"经验知识"当中，"隐性知识"也涵盖其中。隐性知识包含着诸如个人的直觉、灵感等主观性较强的知识内容，这些知识很难用精准的语言去清晰表述。在实现"与难缠对象进行谈判"或者"赢得下属的衷心拥护"等特定目标的过程中，隐性知识会随着人们通过阅读、观看电影等活动提升语言能力而得到显著的增长。仅仅依靠工作或者学习这单一的途径是远远不够的，唯有通过广泛地学习、尽情地娱乐以及积累更为丰富的工作经验，才能够让隐性知识不断得以充实和丰富。而且，隐性知识越是丰富，在面对意外事件时，就越能够以妥善、周全的方式去应对。

我们往往认为能够用语言表达的知识才是"真正的知识"，但人类同样拥有无法用语言表达的知识。应对意外问题时，依靠充分发挥五感作用的隐性知识是必不可少的。

许多50岁以上的人，都经历过上司的权力骚扰。那时候没有那么多详细的操作手册，上司也不会耐心教导。这种低效且传统的经验，恰恰成为老员工的"王牌"。

无论我们制定多么详细的规则和手册，只要"人"

在场，就会发生从规则网眼中掉落的情况。在这样的时刻，现场的应对方式决定了小事件是否会变成巨大的问题，或者原本看似问题很严重的事件是否能顺利解决。

而左右这一切的正是"隐性知识"，也可以说是"现场应变能力"。

老练司机的现场应变能力

有一天，在公寓旁的一条单行道上，一位手提大包的老年女性拦下了一辆行驶在我车前的出租车。然而她费了好大劲也没能顺利地坐进车内，造成了短暂的交通堵塞。

出租车司机没有下车，只是在那儿等待。这种情况让其他司机感到不满，开始轻轻按喇叭。我从后视镜看了下后边等待的车辆，有人甚至探出头来查看情况。我对一动不动的司机也感到有些烦躁，心想："为什么司机不下车帮老太太拿行李？要不我去帮她！"我想，其他司机的怒火也可能是针对这位出租车司机的。

就在这时，我后面排队的车中，出现了一位和前车来自同一出租车公司的老司机，他突然跑过来，深深地向我们鞠了一躬。然后，他提起老太太的行李，握住她的手，温柔地打开门帮助她上车。车队头部的出租车内是一位大约20岁的年轻司机，他也急忙下了出租车，在老司机的示意下向我们鞠躬致歉。

这真是惊险万分。

如果不是那位老练的司机出面，喇叭声可能会愈演愈烈，甚至有人会忍不住大声叫骂。

这位老司机的行动力正体现了"隐性知识"。他不仅平息了后面司机的愤怒，还保护了那位老年女性。他迅速处理了当时的情况，判断出"我现在该做什么"，这一系列现场的解决问题能力正是由这样的隐性知识所支撑的。

岁月沉淀的财富

隐性知识通过反复经历各种突发情况和不忍再遭遇的渴望而逐渐积累，因此会随着年龄的增长而增长，甚至有研究者断言其巅峰在70岁。许多50岁左右的人年轻的时候，在职场上曾从事过那些被视为基础、琐碎不重要的"铲雪工作"，这使他们对"现场的氛围感"这一隐性知识有深刻的体会。

某电铁公司的高层说："在我们公司，所有人都必须做6个月的列车乘务员工作。这对我来说是无比珍贵的经历。"某建筑公司的负责人也断言："年轻时的现场经验对我思考工作方式的改进很有帮助。"某报社的记者笑着说："我还是新人时就做过收银和送报的工作了。"某制造公司的经理也表示："年轻时的一线巡视经历改变了我对工作的认知。"

这些丰富的经验，也变成了称为胸怀的财富。

在当今日本社会中，那些因小事而心浮气躁的"怪物"横行霸道，而50岁以上人群的隐性知识则是一种宝贵的武器。然而，这一宝贵武器能否得以施展，完全取决于自己。只有当个体怀着"想要探索自身可能性，实现人格成长"的期许时，隐性知识才能被有效利用；倘若缺乏这样的内在驱动，隐性知识就会像稀世珍宝被弃之不顾一样，白白浪费。

自我期待的动力开关

"人格成长"是一种内在的力量，容易随着年龄的增长而下降。然而，所有人都具备人格成长的能力，无论在什么年龄段，只要能主动打开这个开关，它就会有效运作。

即使过了50岁，那些仍然保持人格成长的人，会不断成长和进化。有的人开心地说："我在再就业的地方升为管理职了！"还有人联系我说："我要开始给学生授课了，请教我一些话术。"甚至第一次确定要到海外赴任的人兴奋地说："我在这个年纪居然得到了海外赴任的机会！"随着年龄的增长，他们逐渐成为"被需要的人"。

即使是这些人，也有过因自己的处境而不知所措，甚至想要隐忍的经历。但他们仍然觉得这样下去太没意思，并主动采取行动：他们参加年轻人的"早晨活动"，为取得各类资格证而进行培训，参与社区志愿者活动，积极与年龄和身份不同的人沟通。他们发现学习是没有固定的方向的，在这样的氛围中，消沉不是选择，渴望学习的心态被激发，人生变得越来越有趣。

只要积极采取行动，生活的能量就会被充电，热情也随之提升。即使不再具备年轻时瞬间爆发的努力，持续而平静地努力也是好的。

自己若不期待自己，周围的人也不会期待自己。只要坚信"我可以有进一步的进步"，就能成为独一无二的"我"。学习的机会无处不在，当我们真切地感受到自己存在的意义，即意义感之后，就会觉得"即便是上了年纪，也不坏啊"，从而能够与"变老"这一失落感共存。

希望存在于艰难的时刻，而非轻松的时光中。

半径3米世界中的变与不变

社会上流传着这样一种观点，即"要在公司外找到自己的位置"，这一观点在很大程度上反映出了大众对老年员工的普遍看法。但没有联系就无法建立归属感。值得注意的是，关键并不在于营造那种亲密无间的感觉，而在于拥有尊重对方的心态。

从商业逻辑的角度来看，无论工作年限如何延长，年长者仍然处于被排斥的境地。即使在退休年龄这一概念逐渐淡化的时代，一个人到了50岁也还是会受到冷落。

然而，尽管无法改变他人，我们却可以通过下列的方法改变与他人的关系。

- 建立日常管理
- 模仿中年女性的交谈
- 全身心投入当前的工作
- 做对下一代有帮助的事情
- 重视"家庭"之球
- 思考人生对自己的期待

- 建立松散的联系

- 重视自我期待的力量

如果践行这些建议，我们与世界自然会建立优质的连接，也就能笑着说："人生虽然充满意外，但也不能放弃。"即使在退休后感到一丝孤独，只要有"其实很快乐"的瞬间，就能向前迈进。"半径3米的世界"是否能成为充满血性的温暖的空间，完全取决于自己的行动。

结 语 CONCLUSION

结束与目标

2018年，日本女性的平均寿命为87.32岁（世界第2），男性为81.25岁（世界第3），均创下历史新高。男女平均寿命的增长，在很大程度上得益于癌症、心脏病和脑血管疾病这"三大疾病"死亡率的降低。从这方面来看，这无疑可被视作是日本医疗水平提升以及民众健康意识增强所取得的成果。据厚生劳动省的工作人员表示，未来平均寿命还有可能进一步延长。

然而，每当有平均寿命延长的报道出现时，社会上总会出现诸如"增加了那些瘫痪在床的人又有什么意义"之类的评论。但实际上，这种担忧是没有必要的。因为在日本，无论男女，能够在无须护理且非瘫痪在床的状态下正常生活的"健康寿命"，均已超过了平均寿命，达到了世界最高水平。

在日本，男性的健康寿命在2001年为69.40岁，到了2007年，这一数值成功突破70岁大关，而到2016年，更是达到了72.14岁。女性的健康寿命同样在不断延长，2001年女性健康寿命为72.65岁，至2016年已延长至74.79岁。

依据日本内阁府发布的《令和元年版高龄社会白皮书》的数据对比，我们可以发现，日本男性和女性的平均寿命和健康寿命之间的差距数值越来越短。2016年时，男性平均寿命与健康寿命之间的差距为8.84年，女性这一差距则为12.35年。

此外，日本厚生劳动省有着明确的目标规划，期望到2040年，日本男女的健康寿命均能在现有基础上延长3年以上，也就是说，届时男女的健康寿命都极有可能达到75岁以上。

这意味着，别说70岁了，一个人能健康工作到75岁，甚至80岁的时代即将到来。尽管我对社会上将50多岁的人群视为"非战斗人员"的这种趋势感到沮丧，但不可否认，日本社会正朝着长时间工作的方向发展。

拉丁语中的"finis"一词具有"结束"和"目标"两个含义。

随着年龄的增长，人们常常会因为"我已经老了"而放弃挑战新事物，会认为"现在才开始肯定做不了"，用年龄的增长或身体的衰退作为理由，选择不去做而非真的做不到。

然而，如果认为"这是最后一次机会"，我们就可以毫无顾忌地挑战自己，勇敢地迈出一步。无论年龄多大，尝试都能带来满足感。"最后的工作"这一主观体验，将传递给下一代成为无可替代的财富。

明天，生活会对我们有什么期待呢？

老实说，我并不想活得太长，但既然生命来自偶然，我还是希望能过一个有趣的人生。